# 多维视角下的高校创新人才培养研究

姚井君 ◎ 著

中国商务出版社
CHINA COMMERCE AND TRADE PRESS

图书在版编目（CIP）数据

多维视角下的高校创新人才培养研究 / 姚井君著
. -- 北京：中国商务出版社，2022.12
　　ISBN 978-7-5103-4510-4

　　Ⅰ．①多… Ⅱ．①姚… Ⅲ．①高等学校－人才培养－
研究－中国 Ⅳ．①G649.2

中国国家版本馆 CIP 数据核字(2023)第 012045 号

**多维视角下的高校创新人才培养研究**
DUOWEISHIJIAOXIA DE GAOXIAO CHUANGXIN RENCAI PEIYANG YANJIU
姚井君　著

| | |
|---|---|
| 出　　　版：中国商务出版社 | |
| 地　　　址：北京市东城区安外东后巷28号　　邮　编：100710 | |
| 责任部门：教育事业部（010-64283818） | |
| 责任编辑：丁海春 | |
| 直销客服：010-64283818 | |
| 总　发　行：中国商务出版社发行部　（010-64208388　64515150） | |
| 网购零售：中国商务出版社淘宝店　（010-64286917） | |
| 网　　　址：http://www.cctpress.com | |
| 网　　　店：https://shop162373850.taobao.com | |
| 邮　　　箱：347675974@qq.com | |
| 印　　　刷：北京四海锦诚印刷技术有限公司 | |
| 开　　　本：787毫米×1092毫米　1/16 | |
| 印　　　张：11 | 字　数：226千字 |
| 版　　　次：2023年5月第1版 | 印　次：2023年5月第1次印刷 |
| 书　　　号：ISBN 978-7-5103-4510-4 | |
| 定　　　价：72.00元 | |

凡所购本版图书如有印装质量问题，请与本社印制部联系（电话：010-64248236）
版权所有　盗版必究　（盗版侵权举报可发邮件到本社邮箱：cctp@cctpress.com）

# 前　言

　　从现阶段人类社会发展进程来看,人才是国家繁荣、社会文明进步的重要推动力,也是大众富裕和幸福的主要保障。目前,发展与变革正在影响着全世界,处于这一调整时期,世界将面临多极化和经济全球化深入发展,科学技术突飞猛进,知识经济逐渐兴起,人力资源已然成为各国的第一资源,人力资源战略成为在国际竞争中取胜的首要战略。培养人才,已经是各高校的核心职能。具有培养应对某些历史挑战的高质量人才的能力,是各高校办学成功的关键因素。如果我们回顾现代大学的发展史,它向我们展示了一幅无比恢宏的历史画面,令人印象深刻。各国高校,有历经近千年沧桑、积累了丰富历史文化遗产的中世纪高校,也有以独特理念和工作方法快速发展的新兴高校。但只有培养出高素质的人才,才是大学永恒的生命力之所在。以推进国家科教兴国战略为核心,将人才强国看作是教育事业发展的长期目标,将建设创新型国家作为教育发展的环境背景,发挥高校教育主阵地作用,培养创新型人才、高素质专业人才,这不仅仅是时代赋予高等教育的神圣使命,同样也意味着高等院校内涵发展会得到有效体现。本科教育在高校中是基础性较强的,在创新人才培养中的地位也是非常高的。第一,它负责直接培养创新人才;第二,它必须为学生提供高质量的研究生阶段教育培训。从国家培养创新人才的需要来看,我国高校以硬性划线为主的传统教学模式越来越不能满足培养创新人才的需要。因此,近年来,国家开始积极资助人才培养实验区的建设,各大高校将此作为教育改革创新的目标,在实验区试点革新的过程中取得了一定成效。所以,现在是时候从理论上研究中国的创新人才培养改革工作了,这将有助于了解当前一段时间内各高校的改革情况,汇总现有的工作经验,进一步探索、分析问题与原因,并对未来的改革方向提出建议。

　　在知识经济时代,各国已经达成共识:以培养创新人才为前提实施创新战略。高校是创新人才培养的主要阵地,本科教育的基础地位是不容小觑的。为了提高本科阶段的教育质量,应改革并实施一系列有利于本科教育整体质量提升的方法。伴随各地区政府、教育部门深化本科教育、培养模式改革创新工作,多数高校意识到:教育,首先要以促进个体和谐发展为主,其次才能为社会发展奠定基础。目前,全国高校陆续开展了以创新人才培养模式为主题的建设活动,因此,在高校开展有关创新人才培养模式的研究,具有重要的理论和实践意义。

# 目 录

## 第一章 创新是当今高校学生的历史使命与时代要求 ............ 1

第二节 大学生承担建设创新型国家的使命 ............ 5
第三节 大学生确立自主创新的目标与任务 ............ 9
第四节 自主创新是大学生价值实现的现代方式与价值取向 ............ 10

## 第二章 创新思维 ............ 12

第一节 创新思维的含义 ............ 12
第二节 创新思维的本质 ............ 13
第三节 创新思维的特征 ............ 15
第四节 创新思维的形成机理 ............ 17

## 第三章 创新思维的内在机理与原理 ............ 21

第一节 创新思维的内在机制和发生机制 ............ 21
第二节 创新思维的基本构成与测试方法 ............ 25
第三节 创新思维的基本原理 ............ 27

## 第四章 创新素质与培养路径 ............ 30

第一节 创新素质的基础认知 ............ 30
第二节 大学生创新素质培养面临的问题 ............ 33
第三节 大学生创新素质培养面临问题的原因分析 ............ 35
第四节 培养大学生创新素质的路径探索 ............ 38

## 第五章 创新教育的体系建设 ... 53

第一节 创新教育的模式及改进 ... 53
第二节 创新人才培养体系建设 ... 57
第三节 创新人才培养中的人文素质教育 ... 58

## 第六章 创新教育的实践与反思 ... 62

第一节 创新人才培养的政策与措施 ... 62
第二节 教育创新的时间与体会 ... 64
第三节 关于创新教育的反思 ... 80

## 第七章 高校创新人才个性化培育 ... 84

第一节 高校创新人才个性化培育的时代价值 ... 84
第二节 基于时代背景的实践探索 ... 91
第三节 基于高校现实的可选项目 ... 105
第四节 基于高校人才培养价值的转变历程 ... 107

## 第八章 协同创新视域下高校创新人才的培养 ... 115

第一节 高校人才培养模式 ... 115
第二节 创新人才的概念、种类和主要素质及特征 ... 125
第三节 影响创新人才成长的主要障碍 ... 128
第四节 研究型大学创新人才培养分析 ... 131

## 第九章 我国高校实践育人探究 ... 137

第一节 实践育人的基础认知 ... 137
第二节 高校实践育人的原则 ... 145
第三节 高校实践育人措施 ... 148
第四节 构建实践育人机制 ... 158
第五节 高校实践育人模式的类型 ... 162

## 参考文献 ... 166

# 第一章 创新是当今高校学生的历史使命与时代要求

创新，不仅仅是一个国家进步的灵魂，更重要的，它还是一个国家长期繁荣的原动力。以此来看，一个没有创新能力的国家，即意味着其很难与在世界发达国家的竞争中站稳脚跟。当今世界正处于重大变革、转型和调整之中，那么，国家竞争力的核心要素就是知识创新。鉴于此，各国为了在国际竞争中占据主导地位，相继将人力资源和创新发展作为战略选择。以当前的情况来看，大学生就是我们国家培养的高层次人才，所以，建设创新型国家是培养创新人才的前提要素，要将创新型国家建设与个人使命划分到一个行列。

## 第一节 大学生面临世界人才竞争的格局

### 一、人才的国际性流动与竞争

人才的国际性流动与竞争，既表现在各国对培养人才的高度重视上，也表现在各国对人才的相互争夺上。

#### （一）人才是国际竞争的焦点

现阶段，在世界范围内开始了对高科技人才的角逐与竞争。目前国内在培养和留住国内人才方面已经达成共识，同时也十分重视引进国外人才。全球范围内普遍存在的结构性的、整体性的人才短缺现象，已经引发了激烈的人才竞争。为了在人力资源竞争中取得优势地位，西方国家在国际人才竞争中不断调整战略战术。

美国："制订了以教育21世纪的美国人为主体的计划"；日本："提出了以培养21世纪日本的普遍性为主体的思想"；加拿大："制订并实施了以21世纪继承人为主题的方案"。这些发达国家在人才战略上也处于领先地位。在制定人才战略的同时，也在"人才定位"战略、"人性化"战略等人才战略中竞争优秀的人才。

## （二）人才国际流动的趋势

人才跨国流动，可以看作国际流动的一部分，是国家间人才的交流，它类似于货物或服务贸易。一个国家的人才产出在一定时期内远远高于人才投入，会出现人才流失；相反，人才的整体收益就正在成长。在20世纪60年代引入"人才流失"的概念时，它被用来强调欧洲人才逐渐出现"流失"的这种现象。在经过变革之后也被用来体现发展中国家人才流入西方发达国家的这种现象。

## （三）确立面向国际竞争的人才视野

现阶段，经济增长的模式在全球范围内不断发生变化，从传统的工业经济模式向知识经济模式转变。据估计，经济合作与发展组织主要成员国，50%以上的国内生产总值与知识有关。这说明知识生产的载体是创新人才，知识传播的载体也是创新人才。从这种简单的比例变化中，我们能够非常明确地了解到，主导世界经济增长的核心资源，摒弃了传统的物质资源，转向了人力资源。斯坦福国际研究所所长米勒教授说："知识经济就是人才经济。"世界一流的创新人才是具有知识经济内涵的美国"新经济"之根。低通胀和十多年的人才雇佣使美国公司获利丰厚。通过这些，可以充分看出，任凭是自然资源、资本资源或者信息资源，无一不是基于人力资源的具体作用，以此才能够实现转化。因此，人力资源，尤其是高级创新型人力资源，现阶段已成为各个国家竞争中新一轮的焦点，也是世界经济增长的动力，成为21世纪经济发展的动力。以此能够看出，各国的经济发展与文化复兴均得益于大兴教育与对人才的关注；任何成功的经济发展都建立在人力能力建设和人力资本投资实现的基础上。国家间人才竞争的根本原因，可以归纳为经济利益的驱动力。

现下的社会环境，多极化、经济全球化在稳步发展，多方面的竞争日趋激烈，如国际政治、经济、军事、思想等。特别是中国加入WTO后，竞争全面加剧，竞争的战场已经扩大到了世界市场，就像逆流而上，不向前走，就是向后走。

## 二、现代人才的自主创新特点

### （一）现代人才培养的时代背景

社会的快速发展是现代人才培养的平台，这一平台具有时代特征。以经济全球化快速发展为时代背景，技术创新在日新月异地变化着，高等教育国际化进程加快的背景下，不难想象人才培养所面临着的更大的机遇和挑战。

### 1. 科技创新背景

高新技术迅猛发展，是基于信息技术革命才能实现的，这既是打破了国界，也是缩短了地方之间的距离。因此，世界经济日益一体化、经济全球化是当前世界经济发展的基本趋势。经济全球化是以市场经济为基础，通过分工、贸易、投资、跨国公司和生产要素流动，将先进技术、生产力作为方法，把发达国家视为引导力量，通过利润最大化为目标的分工、合作、相互融合的过程。经济的全球化发展不仅仅有利于资源、生产要素二者在世界范围内的合理配置，有利于资本、产品在全球范围内的有效流动，还有利于科技在全球范围内的大力扩张，更有利于欠发达地区进一步实现与推进经济发展。这是人类发展进步的要求，同样也是世界经济发展的必然结果。然而，经济全球化于每个国家来说，它都是一把锋利的双刃剑，不仅仅是机遇，更重要的是挑战。尤其是经济实力薄弱、技术相对落后的一些发展中国家，在激烈的全球竞争中，将面临更加严峻的风险和挑战。

今天，经济全球化在快速发展，而且国际竞争非常激烈，所以，需要提高国家的自主创新能力，另外还要发展先进的技术和生产力，只有这样，才会在竞争中名列前茅。如今，社会经济发展的事实证明，科学、技术和教育是经济发展的驱动力，在促进社会经济发展方面发挥积极和直接作用。科学、技术和教育的发展程度已成为该国经济发展和全面国家实力的重要象征。提高国家自主创新能力，就需要大量高素质人才提供知识支撑。发展信息化，竞争合作，科学决策，创新能力，适应经济全球化趋势，是对现代人才素质的基本要求。

科技创新是科技发展漫漫长路中的主线，我们所见的发展速度、规模，是前所未有的，成为经济增长的主要动力、主要源泉。

在当前机遇、挑战之下，在科技创新方面，想要缩小发展中国家与发达国家差距，那么，最根本措施就是优先应用和传播创新。目前的社会环境，科学技术在突飞猛进地发展，国力竞争日趋激烈。这种竞争最终就是等同于人才的竞争。一个国家的可持续发展和竞争力越来越依赖于人才的培养。要在综合国力竞争中立于不败之地，就必须积极落实教育技术事业，在具体的工作过程中，将自主创新作为核心，实现取长补短，迈向综合创新的道路。

### 2. 高等教育国际化背景

21世纪，高等教育国际化就是教育发展过程中的三大特征之一。现如今高等教育国际化并不是一个新现象。但是，进入20世纪90年代以来，随着全球经济一体化的进程，新的一轮高等教育国际化浪潮涉及三个方面：第一，是国际流动。国际人才交流是高等教育国际化最基本、最积极的因素之一。国际人员交流包括学生和教师的流动。留学生交流主要是指学生的国际流动。首先，欧美国家在不断且积极地吸引留学生；其次，他们也积极派遣学生出国留学。第二，课程偏向国际化并增加内容与课时。国际课程是针对具有国际取向的外国和国内学生设计的，主要的目标是培养学生在国际环境中、多元文化环境中的基本生存能力。第三，是加强国际学术交流、学术合作。现如今，发展国际学术交流与合作的主要途径有：首先，是通过相关国际组织如联合国教科文组织和联合国际学术会议开展国际合作研究；其次，是大学间合作研究，与其他大学合作，在特定研究领域的交流项目基础上组织大学合作研究；再次，是在国际会议上进行学术交流，汲取经验；最后，是实现研究成果出版等学术信息共享，通过互联网促进高校之间的数据和研究成果共享。

我国的高等教育体系发展于20世纪末期，其结构与体系都发生了不同程度的变化，在持续发展的进程中，我国获取了更多有关于高等教育发展沟通交流方面的机会。在自主发展与不断学习的过程中，我国在高等教育事业方面积累了诸多经验。现阶段，我国高等教育面临的是国际化发展趋势、教育质量整体提升等。其中，若是能够有效提高现代人才的自主创新能力，就意味着我国研究型大学水平、各级高等教育整体质量会得到提升。

### (二) 现代人才自主创新的时代特征

所谓自主创新人才，指在建设创新型国家这一背景下，采用新的思想观念，有效整合现有的信息资源，充分发挥主观创新的主动性，推动社会进步，为人类文明做出重要贡献的人才。当代人才自主创新具有以下时代特征：

#### 1. 适应社会发展，具有开放视野

现下的社会环境，技术不断进步，经济全球化加剧。"全球性"的概念已在人们的头脑中扎根。20世纪90年代以来，世界经济变得更加全球化，呈现出以知识为基础的发展趋势。科学技术在生产力发展中所起的作用比其他一切生产要素加在一起所起的作用更重要。教育，无论是在经济发展中，还是在社会发展中，都发挥着越来越重要的作用。所以，现代人才需要做到的就是以正确的视角看待国家竞争，要掌握时代发展的潮流，要不断拓宽自己的事业。那么，现代人才若是想要实现自主创新，就必须使其自身的国际竞争力得到强化。

#### 2. 不断追踪学科前沿，调整知识结构

创新以知识为基础，以智力为后盾，利用自身的信息分析和解决问题，创造出前所未有的事物。不难想象，智力开发和创新能力培养的前提条件，就是能够掌握知识。智力以知识为基础，其中涵盖观察、记忆、想象和许多其他认知能力。基于智力的发展，我们就能够有效地掌握知识，一旦掌握知识，就能有效推进智力的良好发展。从创新人才的知识结构来看，理论知识是创新人才的知识结构的基础，应用知识是创新人才的知识结构的关

键。也就是说有形知识是基础因素，而无形知识是关键因素；也可以说，专业技术知识是创新人才的知识结构的基础，信息传播知识是创新人才的知识结构的关键。那么，创新人才的知识结构呈现以下三个特点：新，掌握新的前沿知识和本学科发展的最新动态；专，在某一领域有独到的见解和较深的造诣；博，有扎实的基础和深厚的文化底蕴。创新人才能对有关学科进行整体性的归纳，使多学科的知识、技能形成合理的、便于提取的系统，还能根据自己在学习、工作中的需要，通过反思进行调整，能根据社会发展的趋势，积极进行知识储备，主动适应社会发展的变化。

### 3. 敢于面对竞争，注重培养创新精神

在社会的发展趋势下社会竞争越来越激烈。所以，现代人才需要具有非常强烈的竞争意识，一定要敢于面对竞争，还需要注重培养创新精神，将竞争压力与创新力量实现转化，将高昂的士气转化为创新活动。

### 4. 切实面向实践，着力提高创新能力

实践对于学生来说，是学习过程中最好的一位老师，创新能力的培养也要基于。创新能力要以创新实践来实现整体的培养和提高，还要以创新实践来进行最终结果的检验。与创新实践的一般概念不同，创新实践包括创新思维和创新行为这两种不同的含义，简单来说，就是主观实践、客观实践。所谓的主体性实践，就是指创新思维，这一实践结果是新思想的提出；所谓的客观实践，就是获得物质方面的创新的结果。

现代人才在参与创新实践的过程中，涉及的有两个步骤，第一，是主观创新思维；第二，是客观创新活动。观察眼前的事物，思考身边的事物，珍惜任何创新实践的每一次机会，这就是现阶段培养创新能力的最佳途径。

## 第二节　大学生承担建设创新型国家的使命

### 一、我国建设创新型国家的目标与任务

#### （一）创新型国家的基本条件

自 20 世纪以来，世界上许多国家在工业化和现代化进程中探索了不同的起点，开始在不同道路上发展。一些国家则将科技创新作为主要战略，大大提高了本国的科技创新能力，形成了日益强大的竞争优势。在国际学术界，将这一类型的国家称作"创新型国家"。

## （二）我国建设创新型国家的目标

党中央、国务院做出的建设创新型国家的决策，是事关社会主义现代化建设全局的重大战略决策，建设创新型国家，培养高水平创新人才，形成有利于自主创新的体制机制，大力推进理论创新、制度创新、科技创新，不断巩固和发展中国特色社会主义伟大事业。

## （三）大学生是未来建设创新型国家的主力军

科技创新，是建设创新型国家的核心。科技创新要以大批创新人才作为前提条件，以此才能支持科技创新的进步与发展。毫无疑问，学生是这种支持的主体。他们具有知识上的优势，具有一定的科学精神，也具有非常强烈的竞争意识，最重要的就是具备相应的创新能力。同时，这些因素决定着一个国家的创新能力；从某种角度来看，这些因素决定着创新型国家的具体建设推进程度。第一，创新型国家的具体建设工作的落实，需要大学自身能够拥有系统的知识结体系、合理的知识结构。在知识经济发展的背景下，无论是哪一领域的知识，都在非常快速地更新。要实现知识创新，学生必须强化基础知识，扩大知识范围，构建出优秀的知识结构。第二，创新型国家的具体建设工作的落实，需要大学生不仅要具备科学知识，而且还需要科学精神，其中涵盖的内容有：对真理的科学态度，敢于改革创新的精神，挑战权威的精神和对科学的奉献精神。第三，创新型国家的具体建设工作的落实，需要大学生必须有非常强烈的竞争思想和意识。在社会高速发展的今天，大学生必须有不甘落后的竞争思想和意识，这样才能把压力转化为动力，积极参与创新活动。第四，创新型国家的具体建设工作的落实，需要大学生有创新能力与思想，这是实现创新的前提条件和关键因素，同时，还是培养大学生创新素质的关键因素。

创新型国家的具体建设工作的落实，要将大学生作为主力军。大力推进创新教育，进一步培养学生具有创新能力，在学习过程中灵活掌握知识，在多元化的环境中具有非常强的社会适应能力，不断追求科学真理，保有终身学习的思维、具备国际交流能力，这些大学生将成为未来国家建设工作的核心力量。

# 二、我国建设创新型国家的战略

## （一）科教兴国战略

20世纪40年代以来，一场新的技术革命迅猛发展，特别是70年代末以来，以信息技术为主的高科技及产业化，引发了一场知识革命，急速地改变着社会整体经济结构、人们的生活方式和社会观念。20世纪90年代以来，世界经济变得更加全球化，呈现出以知识为基础的发展趋势。科学技术在生产力发展中所起的作用比其他一切生产要素加在一起所起的作用更重要。教育，无论是在经济发展中，还是在社会发展中，都发挥着越来越重要的作用。建立在新经济形态基础上的知识，已经逐渐显示出自身强大的生命力。新时期人类社会正开始从工业经济向知识经济过渡。21世纪将以知识经济社会为大环境背景，各国之间的竞争将取决于三点：第一，科教的发展；第二，知识的创新；第三，技术的创新。

如今，社会经济发展的事实证明，科学、技术和教育是经济发展的驱动力，在促进社会经济发展方面发挥积极和直接作用。科学、技术和教育的发展程度已成为该国经济发展和综合国力的重要象征。

这一战略是在中国科学教育的背景下制定的。这是一个时代的背景，全球技术快速发展，知识经济的出现，以及国家与国家的竞争日益激烈。根据经济和社会发展、我国开展重要战略活动是国家经济措施持续、健康和快速发展的基础，是实现我国当前社会主义建设的主要目标。

首先，我国的现代化建设只能走依靠科技进步和提高劳动者素质的道路，这是由我国的国情决定的。我国的国情之一就是人口众多，资源相对不足，经济文化比较落后。我国现代化建设的成败，将取决于能否将沉重的人口负担转化为巨大的人才优势。实现这一转变的唯一途径是教育事业的持续发展。以色列在资源有限的地域上创造了非凡的奇迹，主要得益于科学技术。

其次，实施科教振兴战略是应对国家全面竞争趋势和新技术革命快速发展的根本对策。现下的社会环境，科学技术突飞猛进，国力竞争日趋激烈。这种竞争是基于人才的竞争。一个国家的可持续发展和竞争力越来越依赖于人才的培养。要在综合国力竞争中立于不败之地，就必须积极落实教育。

### （二）人才强国战略

回顾世界各国崛起的历史，能够看出近代各国的发展与复兴得益于大兴教育与对人才的关注；任何成功的经济发展都建立在人才能力建设和人力资本投资实现的基础上。当前成为经济大国的一部分国家，都是践行了教育发展、科技创新以及人才培养这一建设路径的。

目前，我国在发展中国家中名列前茅，特征是：①人口众多；②经济基础薄弱；③人均资源较小。从我国现阶段的国情来看，在发展过程中一定要坚持"以人为本"这一原则，利用人力资源实现"强国"目标。从内涵的角度来分析我国人才战略的话，可以分为：首先，努力加强人力资源开发，整体提升人力资源的综合素养，把人口大国转化成人才大国，通过提高人力资源竞争力来增强国家的综合国力、国际竞争力。其次，强调体制机制创新，以吸引更多高品质的人才，使政治体制能够发挥出对人才的聚合力，进一步落实综合国力强化、国际竞争力提升这一长远目标。与此同时，随着我国改革开放的深入，我国人力资源开发与国家全面竞争和经济社会发展要求三者之间的矛盾日益突出。

### （三）创新性国家发展战略

从国家发展的层面来看，科技创新不仅仅为提高国家生产力、提高综合实力提供了战略技术支持，还应成为我国全面发展的核心。不久之后，可以为进一步实施创新发展战略提供战略技术支持。这是国内外对发展趋势的重要判断。从全球角度来看，不久之后将迎来新一轮科技的革命、产业的转型，改革和突破的能量正在积聚。依靠科技创新，才能够培育出新的经济增长点，把握未来发展的制高点，这一思想战略理论已成为世界各国的共识。中国目前是世界第二大经济体，但其发展仍然不平衡、不协调、不可持续。尤其是中国经济已经进入了一个增长率变动的阶段，这一阶段的特征是结构调整阵痛期与前期刺激政策消化期的叠加。只有取得科技的不断进步、创新的系列新成果，才可实现加快转变经济发展，才可以有效调整经济结构，才能够为生产力提供新的发展空间。

### （四）大学生担当科教兴国、人才强国与建设创新型国家的历史使命

中华民族有着辉煌的历史，特别是汉唐时期，带动了当时人类文明的发展。从本质上讲，中华民族近代以来的落后是由于对创新精神的限制和压抑，也可以说是没有对其进行应有的保护、发展和传承。中华民族能否在短时间内赶上、超越世界发达国家，其关键取决于创新的程度。对于当代和未来而言，国与国之间经济竞争的背后就是科技的竞争，因此，有无创新能力及其创新能力的高低也就成为竞争中的焦点。无论是从民族发展的角度来看，还是从国家发展的需求角度来看，兴国科学教育、人力资源战略都需要得到具体的落实，使其发挥出科学教育与人力资源在兴国中的最大作用。

在新的历史时期，大学生群体担负诸多有关国家建设与发展的重任。在此基础上，才能在科学教育和人才年轻化战略下，促进国家高科技的发展，增加传统产业的财富和生产力，实现中华民族的伟大复兴，这是时代发展、中国社会进步赋予现阶段大学生的一项重要任务。

# 第三节 大学生确立自主创新的目标与任务

## 一、全面发展目标的时代内涵与我国教育目标的调整

（一）全面发展目标的时代内涵

经济全球化带来了激烈的国际竞争，围绕着自主核心技术而展开的国际竞争，最终将落实到对优秀人才的争夺上。我们党和国家事业的兴旺发达和长治久安，需要一大批各行各业的优秀人才。我国科技事业的发展，也需要培养和造就一代年轻科技人才。这是一项十分紧迫而重大的战略性任务。当今和未来世界的竞争，从根本上说是人才的竞争。我国要跟上世界科技进步的步伐，加快科技创新和知识创新，必须有一批又一批的青年人才脱颖而出。建设有中国特色社会主义的伟大时代，应该是百舸争流、人才辈出的时代。

（二）我国教育培养目标重点的确立

今天，面对世界科技飞速发展的挑战，我们必须把增强民族创新能力提升到关系中华民族兴衰存亡的高度来认识。教育在培育民族创新精神和培养创造性人才方面，肩负着特殊的使命。高等学校要在培养大批各类专业人才的同时，努力为优秀人才的脱颖而出创造条件，尤其是要下功夫造就一批真正能站在世界科学技术前沿的学术带头人和尖子人才，以带动和促进我国科技水平与创新能力的提高。这不仅是教育界的责任也是全党全社会的战略性任务。

## 二、自主创新目标的确定与任务

创新性则包括探索性、开拓性与求新性三个方面。只有不断探索，勇于开拓，才能力争求新。但是，当代大学生则在不同程度上表现出现成性与维持性。他们多注重于对已有知识经验的学习，继承传统的文化成果。获取的仅仅是一些固定的文字符号，是他人创新思维的结果，他们不会或很少在此基础上，改变知识固有的结构，重新组合，建立新的秩序。大学生的这种现成性与维持性，忽视了自身创新精神和创新能力的培养，影响着自身对新知识的积极探索和追求。而建立在知识的生产、分配和使用基础之上的知识经济，其核心是创新。要求人不断地推陈出新，勇于标新立异，大胆地探索未知领域，主动地寻求新的知识，以推动知识经济的发展，适应知识经济时代的需要。因此，处于知识经济时代

的大学生，必须摒弃现成性与维持性，培养自己的创新性。创新性是自主的目的与价值。

## 第四节　自主创新是大学生价值实现的现代方式与价值取向

价值是关系范畴，它的初始含义是主体与客体之间恒定存在的一种关系，以及客体的属性对主体需求的肯定，或者是客体的属性对主体需求的否定。事物的效用，即它的价值，取决于某一特定主题的需要。没有人作为主体的话，就没有主体的需要，那么任何东西都没有价值。按照对象的属性，价值可以分为三种类型：第一，物质价值；第二，精神价值；第三，自身的价值。马克思主义就此提到："人的价值，就是创造价值的价值"。基于时代的发展，现阶段自主创新就是落实现代学生价值的具体手段。

### 一、人的价值是创造价值的价值

#### （一）人的价值与人的本质

人的本质存在于具体的人性之中。人的价值是具体的，包括客体个人对主体社会的价值，或指客体社会对主体个人需要的价值，在个人对社会的价值关系中，个人是客体，以其贡献，显示人的本质属性和主体社会需要发生关系。在社会对个人的价值关系中，个人是主体，而社会是客体，社会的人以其贡献显示其社会本质属性。

人本来是物，也作为生物体同其他生物体一样，必须同自然界进行物质和能量交换才能生存。可是，人不同于自然生态物体，从本质上来看，人是社会上的存在物，可以不被动接受自然环境中已有的生存条件，不是必须与自然交换物质和能量才能生存，而是更倾向于主动创造来获取，积极地创造作为人类所需要的生存材料。只有通过人的积极和创造性的活动，自然材料才有意义，才能满足人的需要。价值是人类创造的产物，是人类实践的主体。人的价值和人的意义是人们必须创造价值来满足自身的需求。人们的需求是非常全面的。作为社会和文化的存在，人们有物质和精神的需要。因此，人们应该为自己创造物质和精神价值。

在当代，自主创新已经成为实现人的个体价值、社会价值的方式。"人是地球上唯一有理智、有思维、有技艺并能够自主地、能动地、创造性地从事实践的和观念的对象性活动的存在物。"人的需要永远不能满足，人为满足自身需要而进行的价值创造也永远不能停止。同时，人的价值也是人自己创造的。人在创造价值的同时，过程也是实现主体自身价值的过程。

## （二）人只能通过实践创造价值

人通过实践使潜能发挥出来，变成创造价值客体的现实力量，人也就成了现实的主体而实现了自身的创造价值。潜在价值和现实价值的相互转化，是一个永无止境的不断循环、不断深化提高的过程。实践活动是人的潜在价值向现实价值转化的基础和前提。

在实现人类价值的这一过程里，所经历的是多元化的历史发展时期，其影响也各不相同。古代生产力低下、科学技术落后，人们要想创造财富还由体力劳动来实现，但是效率很低，人类价值观的实现并不理想。工业革命后，人们发明了机器，解放了一部分人的体力，另外提高了生产效率，在实现人类价值方面取得了相当大的进步。这是一个知识经济的时代。在信息社会中，人们学习、使用和创造技术，而生产力水平的空前提高就意味着实现了最重要的价值创造。

一切价值都是人的创造物，人创造客体价值的同时也就是实现主体的自身价值的过程。人的价值在于创造价值，离开创造价值的活动就谈不上人的价值。

## 二、自主创新是大学生价值实现的现代方式

从当前的形势和大学生的实际情况看，自主创新已经成为大学生价值实现的现代方式。

### （一）大学生具备自主创新的自我条件

个人的价值目标只有同社会发展的方向、时代的要求一致才有意义，个人的价值目标只有正视现实社会条件、从客观实际出发，才具有实现的现实可能性。当前举国上下自主创新的氛围既为大学生进行自主创新提供了条件，更提出了自觉进行自主创新、不断提高自主创新能力的具体要求和努力目标。

### （二）我国建设创新型国家的战略为大学生自主创新提供了广阔的发展空间

我国已经进入自主创新时代。国家、民族、社会都寄希望于大学生成为创新人才，都在创造条件，诸如为大学生设立研究课题和创新基金，提供研究经费和创业资金，制定创新政策与奖励制度，鼓励大学生自主创新，为大学生发挥聪明才智创造了良好条件。

# 第二章 创新思维

## 第一节 创新思维的含义

### 一、创新思维的定义范围

创新思维的定义范围是从外延的角度来明确创新思维的必要内容。考虑思维活动主体、思维结果和适用范围等因素，应该从广义上认识和把握创新思维。

首先，从思维活动的角度进行分析，每个正常人都有创新思维的能力，创新思维在人们的日常生活和工作中随处可见。不能只把科学家的科学发现看作是创新思维的结果，也不能只把发明者的技术发明看作是创新思维的结果，还不能只把艺术家的文学艺术作品看作是创新思维的结果，如果那样的话，创新思维活动的范围就会被缩小。因此，在定义创新思维时，必须充分考虑思维活动主体的普遍性。

其次，从思维结果的角度进行分析，这不是判断创新思维恒定且唯一的标准。为了评估思维活动创新性的存在程度，我们不仅要考虑思维的结果，还要考虑思维过程、思维方法和思维内容。

这么做的原因是，创新思维并不是取得创新成果这一过程中的充分条件，它是取得创新成果这一过程中的必要条件。如果反思活动的结果没有达到预期的创新结果，但在思维方法和技术以及在某些地方的结论、想法中有新的和独特的点，那么这就是创新思维。因此，创新思维不应以结果作为唯一的标准。

最后，创新思维在各种反思过程中，是广泛存在的。历史上有一大部分重要的科学发现，其来源都是日常生活中的启发。牛顿从一个掉下来的苹果上，发现了万有引力定律，瓦特从沸水冲开壶盖受到启发改进了蒸汽机。

创新思维存在于科学发现、技术发明和文艺创作的思维过程中，同时也存在于人们的政治、经济、军事决策中。思维的创造性与思考的问题自身没有直接的联系，所以不能用经济价值、商品价值来衡量，它存在于各种思维过程中。

## 二、创新思维的概念核心

通常人们根据思维是否具有创新性把思维活动分为两种，一种是创新思维，另一种是重复性思维。重复性思维是一种比较普通的思维形态，它是对已经接收的信息的重复和再现，大脑利用的仅是记忆和存储功能，这种思维模式是相对稳定的；而创新思维正好相反，是对存储的信息根据需要新加工，必须具有思维的创新性。

那么，依据美国心理学家克雷奇等人的提议，所谓的重复性思维，就是意味着个人应用先前获得的知识参与到这个过程中来，但必须经过改变，以适合这个问题的新要求。这一观点已被部分理论家所接受，而且是合理的。

## 三、创新思维产生的基础

所谓创新思维，可以看作是人类高级思维中的一种活动形式，也是人类意识主动性的一种特殊表现。它当然不会无缘无故地生产出来，它有一定的条件和生产基础。

也就是说，创新思维的基础，就是存在于现实世界中的客观条件，也就是客观事物及其联系。那么，创新思维需要掌握新获得的经验、知识以及信息，而后灵活运用各种思维方式。为了取得创新的成果，需要一定数量和类型的相关信息、经验和知识。一般来说，关于创新成果的信息、经验和知识越多，创新思维的可能性就越大。

另外，创造性思维产出的过程，需要综合运用不同形式的思维或思维方法，包括：①抽象思维；②形象思维；③灵感思维；④发散性思维与收敛性思维；⑤线性思维与非线性思维；⑥求同思维与求异思维。创新思维之所以能够产生，这些是先决条件。

## 四、创新思维的内涵

关于创新思维的内涵，学术界至今尚未有一致的说法。"所谓创造性思维，是指在人的思维心理、思维形式和思维环境等综合功能作用下的思维成果，它具有明显的新颖性、独特性和前瞻性。创造性思维是一种综合性思维，或者说，是逻辑思维与非逻辑思维、线性思维与非线性思维相互依存、相互影响、相互制约、相互转化的综合性思维。""创新思维是指对事物间的联系进行前所未有的思考，从而创造出新事物的思维方法，是一切具有崭新内容的思维形式的总和。"

# 第二节　创新思维的本质

思维主体进行创新思维活动，其动力来自求新意识的推动，这表现了思维主体的超越意识。在思维过程中，思维主体要灵活运用各种思维手段，使思维重新组合，不断超越固有的思维方式。

## 一、超越

创新思维是作为传统思维的相异方出现的，它甚至是由对立方提出来的。它是一种能够产生新颖性结果、超越性结果的思维。与传统思维相比，不管是在思考角度、运用材料方面，还是在论证方式、思维成果方面，创新思维都具有全新的创造性特质和内容，这使得创新思维能够出新，能够超越现有的认识和眼前事物的局限，透过现象抓住本质，为人类的物质文明和精神文明增添新的成员和元素。

创新思维内在地要求超越，要求思维从表象现实以及对这种现实的反映出发，把握住隐藏在现象背后的可能性、倾向性，乃至规律性的东西，并通过思想、计划和理论等形式将它们转化为现实。

## 二、超越的表现

超越是创新思维的最基本属性，这种超越主要表现为时间、空间和具体事物方面的超越。

对时间的超越，体现了思维的高度；对空间的超越，体现了思维的价值；对事物的超越，体现了思维的广度。机械唯物论的反映论把意识对物质的反映看成是消极的、被动的，辩证唯物论的反映论在承认物质对意识的决定性前提下，强调反映的积极性和能动性，这种积极性和能动性就突出地体现在创新思维中。创新思维调动起人的创造性潜能，在客观事物尚未出现时，意识也可以把它想象出来，就像在马克思的时代，社会主义还没有成为现实，但他已经创立了科学社会主义学说，这些思想等无不来源于创新思维的超越性。

## 三、从功能层面看，创新思维的本质在于出新

所谓创新思维，是与习常性思维相对应的一种思维。习常性思维是人们针对常规性问题进行的思维。这种思维重复和模仿以往的思维活动。它有现成的程序、模式。创新思维与此不同。它超出已有的经验范围，而对新的领域，采用新的认识方法，开创新的认识成果。

创新思维之所以被称为创新思维，就在于这种思维能够产生前所未有的、有价值的认识成果。这是区分创新思维与非创新思维的根本标准。因此，从功能层面上看，我们完全有理由认为，"出新"是创新思维的本质。

创新思维的本质就在于出新，在于创造以往思维中所没有的新成果。这是思维之所以成为创新思维的最根本的依据。

## 四、从结构层面看，创新思维的本质在于超越

系统科学认为，结构决定功能。创新思维的结构特点决定了它的功能特点。创新思维的出新功能受制于它的超越结构。

思维结构在思维过程中不知不觉地发挥作用。因为，形成思维结构的基本要素，在人们的日常生活中慢慢地积淀和贮存于大脑的潜意识层。主体运用这些存在于潜意识中的不仅是个体的思维结构，还是整个民族和时代所造就的思维方式、思维模式。注重研究创新在体制和文化方面的阻碍因素，并且努力排除这些因素的干扰，是实现思维创新的重要前提。

创新思维的本质就在于主体根据解决问题的需要，通过调整与顺应，使自己的思维突破和超越原有的思维结构。

## 五、从机制层面看，创新思维的本质在于逻辑与非逻辑的统一

结构侧重从静态的角度描述系统，机制侧重从动态的角度描述过程。创新思维超越现有思维结构取决于思维过程的内部运作机制。

创新思维的独有品性集中体现在独特性、新颖性与超越性等方面。创新思维的独特性表现为求异求变的思维方向，能够从常规做法中发现问题，突破传统思维定式的束缚，以开放态度对待未知领域，密切关注未知现象和疑难问题，孜孜不倦地加以探索。创新思维的新颖性则是对事物稳定性的超越，也是对事物发展性的追索与反映。从运动变化的观点来看，世界存在的过程也是旧事物灭亡与新事物成长的过程中，新事物发展必须不断地突破事物原有形态，形成包含旧事物优点的新事物。创新思维的新颖性体现了事物的发展变化规律，是一种建立在新知识与新科技基础上的突破式思维方式，它着眼于改变人们原有的观察思考视角、程序和方法，通过与相关领域的知识、技术、经验等相结合而发展出新的组合式思维方式。它引导人们不断解放思想，推陈出新，推动事物向积极的方向发展。

总之，从机制层面看，创新思维的本质就在于逻辑与非逻辑这两个方面的统一。创新思维是收敛性思维与发散性思维的综合运用，是思维在逻辑的制约下向非逻辑的跨越。这是创新思维的最深层次的奥秘，也是创新思维的本质。

# 第三节 创新思维的特征

## 一、独特性与新颖性

创新思维的独特性与新颖性往往表现为善于求异求变，即从别人习以为常的地方看出

问题，善于突破思维定式的束缚，带着开放的思想对未知领域、迷惑不解的现象或未能解决的新问题进行探索。现实中的事物，一般在没有外力作用的情况下，保持着相对稳定的状态，具有相对的稳定性。然而，事物的发展，就是在旧事物的灭亡、新事物的成长和壮大中，不断地突破事物原有形态的相对稳定性，形成差异和变革而实现的。

## 二、多向性

创新思维注重从不同角度不同方面去思考问题，在思维进程中有多个思维指向、多个思维起点、多种思维方式和方法去寻求多种思维结果。变换观察思考问题的角度和方向，常常可以有意外的发现或收获。

所谓多种思维指向，即在一个问题面前，尽可能提出多种设想，寻求多种多样的答案，多方面进行比较分析，从而挑选出最佳的解决方案。创新思维能力越强的人，思考问题就会越广。所谓多种思维起点，是指从多种事实、多种观察角度出发，运用不同学科的多种理论做指导，进行分析研究，从中筛选出最佳的解决方案。

## 三、现实性

创新思维及其理论成果不能是一种形而上学，否则，既无法证实又无法证伪，甚至根本无法用实践来检验，那么这种所谓的创新思维及其理论成果，绝不能算是真正的创新思维。实践是创新思维的动力和基础，那么，实践创新就成为创新思维的终极取向，创新思维本身及其理论成果必须具备现实性，既要来自现实中，又能够回到现实中去。现实性是创新思维的根本特征，没有这一规定，创新思维就不具有任何现实意义。

认识上的创新，其直接目的虽然是为了革新理论，为了理论的创新，但最终目的还是为了实践上的创新。创新思维理论的现实性就表现为随着实践的发展而产生新的理论成果。创新在认识中的核心作用就表现在它对实践的伟大指导作用。当外部环境和条件发生变化，旧有认识框架和传统思维模式已经不足以用来指导新的实践时，理论上的创新就是至关重要的了。理论要生存就必须与时俱进，而创新思维在认识中的作用就在于能够不断推陈出新，不断与新的实践相结合，从而创造出新的符合时代要求的理论来。所以，创新的真正价值，就是它对实践的指导作用。

认识的现实性也就是其真理性的依据。社会存在决定社会意识，社会意识依赖于社会存在，也就是说认识植根于实践，认识的现实性要靠社会实践来检验。创新思维首先是一种创新意识，它既然是认识的核心与灵魂，是认识的最本质的规定性，那么它的现实性同样取决于它对实践是否具有有效的指导作用。只有能够转化为实践创新的创新思维才是真正意义上的创新思维。否则，创新意识主导下的创新，只不过是空洞的理论而已。

随着时代的发展，当传统思维无法指导新时期、新条件下的社会实践取得成功的时候，当新时期、新条件下的社会实践需要突破过去的传统，需要新的理论来指导新的实践的时候，创新就不可避免。因为新的实践需要新的理论，而理论上的创新首先要有思维原则的创新，即以创新思维作为前提和先导。没有创新思维，就无法进行创新的实践活动。但同时理论上的创新是不是真正意义上的创新，也要靠社会实践活动来检验。如果不能指导社会实践活动取得突破性的进展，不能在实践活动上有所创新，那么这种创新思维就是毫无作用的创新，也就不具备创新思维所必须具备的现实性。而不具备现实性的创新思维，绝非真正的创新思维，而只是偶然的标新立异的幻想。

## 第四节　创新思维的形成机理

### 一、大脑思维机理的研究是创新思维机理研究的先导

人的大脑思维微观机理研究取得的成果中，比较突出的是建立了四项假说，分别是苏联医生鲁利亚提出的"三个机能系统"论、"突触传递和神经网络"论、"暂时神经联系接通"论和有影响的瑞士心理学家、哲学家皮亚杰的认知图式理论。人的大脑思维微观机理的研究成果不仅从不同角度探寻大脑思维的产生机制，得到了对思维现象的部分合理解释，而且为后来的研究奠定了一定的基础。

四种假说为我们进一步研究大脑思维提供了如下启示：

（一）人的大脑思维是大脑各部分机能系统共同参与下形成的

这是苏联医生鲁利亚认识大脑思维机理的重要观点。这一观点告诉我们，人的大脑是一个有机系统，大脑各部分有其独立的功能，大脑思维是大脑各部分功能共同施展的结果。格式塔心理学派认为，人的精神意识是神经系统作为一个整体突变出来的。这正是运用了系统论中的整体大于部分之和的观点。创新思维比一般的思维更深刻、更高级，更能揭示事物变化的本质。

（二）大脑的结构和功能知识为研究创新思维创造了条件

人们已获得人的大脑的结构和功能的许多知识，特别与思维密切相关的大脑皮层的结构和功能区的知识，为我们研究创新思维的形成提供了更直接、更精细的信息。"突触传

递和神经网络"论揭示大脑神经元在信息传导和处理过程中化学递质和生物电的作用。而"暂时神经联系接通"论更深入揭开神经元的微细结构变化和化学递质流动对信息传递的影响，以及外界信息刺激加快形成暂时神经联系的机理。前人关于大脑思维微观机理的研究成果充分证明，大脑思维是大脑结构与内部物质运动，以及环境信息的刺激与大脑内已有信息的相互作用的结果。

（三）图式理论

近代格式塔心理学派和瑞士心理学家皮亚杰从心理学的角度，把大脑中的信息模块，即某一事物的概念定义为图式，大脑中已有信息的组合与外界信息的匹配、同化和顺应作用，形成推理、判断，产生对新事物的本质认识。这种思维机理揭示了大脑内信息相互作用，以及环境信息与大脑内已有信息的相互联系，构成思维的基本框架。大脑思维的本质是信息运动。

从上述三方面的分析可以看出，前人对大脑思维的研究成果给予我们的启示。归根结底，大脑的结构及微细结构的变化、大脑内物质运动产生的思维，是以信息组合、衍生、激发、整合等方式形成的高级意识活动。能够从具象信息、表象信息和浅层信息中，揭示事物存在和变化的本质信息，这就是创新思维。

## 二、耗散结构理论的创立充分揭示创新思维形成的机理

耗散结构理论创立过程分为四个阶段。第一阶段，是对宇宙物理图景描述中，产生牛顿定律、相对论、量子力学的时间可逆、对称与热力学第二定律、生物进化的时间不可逆、不对称之间的矛盾，引发了普里高津对时间可逆性问题的思考。第二阶段，是对宇宙演化的物理图景的描述，产生了时间不可逆的总规律下，复杂系统演化存在进化和退化两个方向，引发了普里高津对复杂系统演化两个时间箭头的巨大矛盾统一问题的思考。第三阶段，是开放的复杂系统从无序走向有序状态的状态参量，在近平衡态时存在的昂萨格"倒易关系"，从而找到最小熵产生的规律。这仅仅解决了状态参量呈线性关系的特殊状况的规律，引发了对扩展至远离平衡的非线性关系的普遍状况的规律的思考。第四阶段，是大量开放的复杂系统形成宏观高级有序结构，引发了对这种不断与环境进行物质能量交换，从低级有序向高级有序状态演化的系统内外因素及其相互作用的思考。经过这四个阶段，最终创立了耗散结构理论。

从上述四个阶段，我们可以清晰地看出，在耗散结构理论创立的思维过程中，有四个思维的焦点，即四项思维的突破点，这四个思维的突破点是由简单到复杂、由浅入深，层层突破的。

这四个突破点是：①物理图景描述的时间可逆性与对称性问题；②宇宙演化的物理图景描述的系统演化退化与进化的矛盾问题；③复杂系统演化物理图景描述中系统状态参量之间的关系，从近平衡态线性区扩展至远离平衡的非线性区的问题；④复杂系统宏观低级有序向高级有序演化，形成耗散结构的系统内外因素及相互作用问题。

在研究人的大脑思维形成机理中，不少学者从微观角度对大脑内部结构、物质运动及信息运动探寻与思维的关系，但人的大脑是一个巨大复杂系统。为解决大脑这样一个巨大复杂系统的创新思维的形成机理问题，必须从宏观角度去把握大脑系统整体与思维的关系，我们可以从耗散结构理论创立的过程和思维路径，揭示创新思维形成的机理。

首先，要形成创新思维必须让大脑思维系统处于开放状态，这是创新思维形成的先决条件。要求我们不断对研究的事物进行考察，全方位查找资料，吸收新信息，不断学习和实践，从环境中获取负熵，促使思维状态向有序方向发展。耗散结构理论创立过程中，四项思维突破点完成之前，都分别获得有效的关键信息。这些信息与普里高津大脑原有的知识、信息相互作用，产生新的认识。

其次，创新思维形成的第二个先决条件是大脑思维系统必须远离平衡状态。大脑思维的平衡状态是固有的知识结构和认知模式，不随环境的改变而改变。创新思维需要求异性、求变性、超越性，就必须打破平衡状态，更新知识结构和认知模式，使自己的思维系统远离平衡状态。普里高津在宇宙演化的物理图景描述中系统进化和退化的巨大矛盾面前，敢于进行进化和退化的统一思维，又在开放系统近平衡态问题扩展至远离平衡的非线区的思维，都是对前人和自己思维的挑战。

再次，人脑思维系统是一个非线性的复杂系统。非线性作用是创新思维形成的内因。开放和远离平衡只是创新思维形成的必备条件，必须促使大脑系统内产生非线性相互作用，才能满足创新思维形成的充分条件。当思维表现出由规则运动向不规则运动转化和突变时，变量之间出现多种对应关系，非线性作用使思维向外发散，就可能产生创新思维。思维系统内的非线性作用使系统成为交叉网络，相互作用的要素是多层次的，信息的传导速度加快，信息的交互融合更趋多样化，十分有利于灵感的产生。

在思维系统中，让多种思路交锋、将各种方案进行比较分析，将思维产生协同，使整体功能大于部分功能之和，才能找到对事物本质的规律性的认识。普里高津在思考复杂系统演化过程中的矛盾时，除了抓住进化与退化，远离平衡非线性与近平衡线性这两个主要矛盾外，还能把思考的注意力集中在两大矛盾的两个主要方面，即进化和远离平衡的非线区。从而思维控制在决定系统演化的关键因素的研究，使他的认识产生顿悟和协同，最后找到了对复杂系统演化的规律性的认识。

最后，随机涨落是创新思维形成的直接诱因。思维系统的涨落是指在外界特定信息的刺激下或大脑内原有信息的相互作用中形成偏离原有认识的现象。当人们在苦苦思索并快要解决某一问题时，突然得到外界信息的启示，思维系统的涨落不仅强度大，而且产生时间和空间上的协同，最后导致灵感和顿悟的出现。普里高津在思考宇宙进化与退化的巨大矛盾时，大脑中原有的信息与外界提供关于系统演化的信息，促使思维系统形成巨大涨落，把矛盾的两个方面统一起来，产生对不可逆过程认识的巨大飞跃，为建立耗散结构理论奠定了基础。

# 第三章 创新思维的内在机理与原理

## 第一节 创新思维的内在机制和发生机制

### 一、创新思维的内在机制

（一）创新思维是问题、酝酿、豁朗、验证四个阶段的统一

如果把创新思维作为一个过程来看，那么，它由问题、酝酿、豁朗、验证四个阶段构成。问题、酝酿、豁朗、验证四个阶段的统一，构成了创新思维的过程性机制。

1. *问题是创新思维的起点*

如前所述，创新思维是出"新"的思维，创新思维的本质在于对原有思维方式的超越。因此，创新思维首先必须针对一定的问题而展开。如果人们的认识中没有出现问题，或者说，如果人们的认识中没有出现矛盾和障碍，那么，就不需要运用创新思维。因此，问题是创新思维的起点。创新思维的过程中，问题的发现和提出是逐步实现的。人们首先在头脑中出现的是一种朦朦胧胧的意识，是一种对"现实"的不满意、不满足，或者是心理上的不"舒服"，正是这种朦胧的"问题意识"推动着人们去进一步搜集材料，并对已有的材料进行分析、整理，在此基础上渐渐地使问题明朗化、概括化。这就是创新思维的起点阶段。

2. *酝酿是孕育新思想的必要环节*

创新思维对于原有思维方式的突破不是一件轻而易举的事情，它需要思维者进行多方面的艰苦探索。因此，当人们明确了所要解决的问题后，创新思维就进入第二个阶段，即酝酿阶段。在这一阶段，思维者在明确问题的基础上，借助于已经收集整理的材料，开始对问题做各种试探性解决，不断地提出新的假设、新的方案。由于创新思维所面对的问题超出了以往经验的范围，依据以往的思路和办法，往往不能解决问题。因此，各种假设和方案不断被提出，又不断被搁置或抛弃。思维者在"左冲右突"中处于"山穷水尽"的

境地。这一阶段是思维者不断尝试的阶段，也是思维者苦思冥想的阶段。这一阶段是新思想孕育的阶段，因此它是痛苦的，但又是必要的。没有这一阶段的孕育，就不会有新思想的产生和问题的解决。

### 3. 豁朗是新思想诞生的标志

创新思维的第三阶段是豁朗阶段。所谓豁朗，就是豁然开朗。在经过前一阶段充分的酝酿之后，思维过程终于出现了飞跃。超越以往知识和经验的新构想、新方案在头脑中涌现，使人突然感到茅塞顿开、豁然开朗。原先的"山穷水尽"一下子变得"柳暗花明"。这一阶段是创新思维过程中最神秘也是最具决定性意义的阶段。它意味着人的思维对原有的认识实现了超越，意味着人的思维发生了质变。这一阶段人的思维不仅需要有逻辑方法的参与，而且更多地需要借助于联想、想象、直觉、灵感等非逻辑方法，才能实现思维过程逻辑中断后的跨越和跃迁。

### 4. 验证是新思想确立的重要步骤

创新思维的最后一个阶段是验证阶段。在豁朗阶段，人们头脑中闪现的只是新思想的火花，它还是不成熟、不完善的，仅仅依靠这种思想火花还不能构成解决问题的完整方案。因此，接下来的工作就是对产生的假设和构想进行逻辑上的论证、修改、加工、完善，使之成为成熟的解决问题的方案。验证，可以在解决问题之前进行，也可以在解决问题的过程中完成。前者主要是一种逻辑上的论证，后者主要是实践上的检验。人们在创造性地解决问题过程中，不一定要等到把思路、设想完全论证清楚、修改得十分完善了才动手解决问题。实际情况经常是，有了一个初步的设想，就开始着手去解决问题，然后在实践的过程中，再根据解决问题的需要，对这些设想进行不断的检验、修改、完善，最终从根本上解决问题。

上面所描述的创新思维的四个阶段，对于一个完整的创新思维过程来说是必不可少的。虽然在具体的创新思维中，各个阶段的表现可能会不尽相同，但是，一般来讲，创新思维都需要经过发现问题、提出问题的准备阶段、进行试探的酝酿阶段、新思想闪现的豁朗阶段和修改完善的验证阶段，这却是不争的事实。因此，我们认为，正是这四个阶段的统一，促成了新思想的产生和思维创新的实现。因此，这四个阶段的统一构成了创新思维的过程性机制。

## （二）创新思维是发散思维和集中思维的统一

所谓发散思维，又叫扩散思维，这种思维是从思维方向上规定的。它指的是在思维过程中，对于头脑中的观念、材料等思维要素加以组织，散发出两个甚至多个可能的设想或答案。运用发散性思维，要求思维者充分发挥思维联想和想象力，突破原有的束缚，以求找出多个可能的答案。可见，发散思维实质上指的是非逻辑思维。所谓集中思维，又叫收敛思维。它指的是思维过程中，将头脑中的观念、材料等思维要素加以组织，使之指向唯一的结论或答案。运用集中思维，要求我们以某个思考对象为中心，从不同的方向、不同的角度，将思维指向这个中心，以达到解决问题的目的。可见，集中思维实质上指的是逻辑思维。

那么，为什么创新思维必须是发散思维与集中思维的统一呢？

发散思维是孕育新思想的母体，是产生新思想的摇篮。虽然集中思维可以确定思维的主题和指向，对思维成果进行分析和评价，但是，在一般情况下，集中思维本身并没有创新，它主要是为新思想的诞生和确立提供条件和保证，为创新的完成铺平道路。因此，要创造性地解决问题，仅有集中思维又是远远不够的。无论我们对问题认识得多么清楚，把矛盾揭露得多么透彻，如果没有思维的发散，没有联想、想象、直觉、灵感这样的非逻辑思维，新的思想还是产生不出来，思维的创新还是没有办法实现。可以说，只有思维的集中，而无思维的发散，不善于多角度地、灵活地思考问题，思维就会陷入僵化和刻板。因此，发散思维在创新过程中起着至关重要的作用。离开了思维的发散，创新就无从谈起。

因此，在创新思维的过程中，发散思维与集中思维是辩证地统一在一起的。人们通过思维的集中来明确思维的指向，通过思维的发散来获得多种思维结果。人们的思维发散到一定的程度，就要集中一下，进行比较选择，找出较好地解决问题的方案。然后又在新的基础上再进行发散，在更高的层次上再进行集中。

## 二、创新思维的发生机制

### （一）创新思维发生机制是知识经济、政治与文化因素的统一

#### 1. 知识经济对创新思维发生的影响

21世纪呈现出以经济发展为中心的发展趋势，经济机制决定着社会发展的步伐，同时也决定着人类对创新思维知识研究的进程。社会面临着知识经济的挑战。知识经济是一种以"创新"为驱动的经济创新，是发展经济的生命和源泉。经济决定着创新思维的研究，创新思维的研究也推动着经济的发展，二者相互补给才能促进社会的发展。

#### 2. 政治环境是创新思维发生的保障

政治环境的封闭，对学术的过多干预与管控就会导致思维的停滞。创新思维减少的例子也有很多。中国明清时期的思想就出现了严重的停滞。在近乎恐怖的文化管制之下的人

们不能够自由地表达自己的思想，致使思维停滞，就连最基本的生存都无法保证。人们的思想、作品都要符合统治者的需要。在这种情形之下，创新思维是根本不可能发生的。

### 3. 社会文化机制是创新思维发生的底蕴

思维是人脑对所接触信息的分析和整理。在人类所接触的信息中，知识是最有价值的。知识，是指人类在实践中对客观事物的认识。是人类本身长期实践活动的成果。知识量的积累不是个人所能完成的，而是要靠几辈人的努力，待时机成熟才会产生重大的创新思维成果。因为无论是科学家，还是具有高水平创新思维的专家都是常人的思维，其具有一般性、普遍性，还是要以丰富的知识为基础。人们只有掌握丰富的知识，才能够清楚地看待事物的本质，从而进行更深入的了解。人们拥有的知识越丰富，思维所能选择的信息量就越多。思维扩展的空间也就越大，信息与信息之间的联系也会更加紧密，联想、幻想也更容易发生，思维创新的可能性也就大大增加了。在掌握大量知识的同时，知识的结构也同样重要。在我们接触到的众多知识种类中，要提取对我们创新有用的知识。物理学家在创新上所需的是专业的物理知识，是以基本专业知识为主体的，而不是经济学、文学等其他学科知识。因此，知识因素对于发展一个人的创新思维能力起着不可替代的作用。我们应掌握丰富的科学文化知识，紧紧抓住知识这一环节，为创新思维的发展奠定知识基础。

## （二）创新思维的发生是逻辑与非逻辑的统一

### 1. 创新思维发生必然经历逻辑思维的过程

逻辑思维是依据一定的系统知识、遵循特有的逻辑程序而进行的思维活动。它以揭示和把握事物的内在本质及一般规律为根本任务，具有严密的逻辑性。其内容与工具是一系列抽象的概念、判断以及推理。人们思考问题的思路往往按照确定性、单一性、重复性、不可逆性和重复性发散出去，很少会考虑可能性、选择性、偶然性和不确定性的地位。在这种背景下，自然而然突出了逻辑思维的地位。但是逻辑思维本身具有很多局限性。

### 2. 创新思维发生离不开非逻辑的重要思维方式

直觉思维是一种非逻辑思维，是通过下意识，即不知不觉、没有意识的心理活动直接把握对象的思维过程。它未经有意识的逻辑思维而直接获得某种知识。这种"无意识"把思维过程简化、模式化，省略了许多思维的重复和细微过程，并使认识产生某种飞跃，或者表现为对某一问题的突然"顿悟"，或者表现为某种创造性观念和思想的突然降临，即"灵感"的出现。归根结底，"顿悟""灵感"都是直觉思维的不同表现形式。直觉思维具有下意识性、非逻辑性、突发性。

3. 逻辑思维和非逻辑思维的互动激起创新思维发生

逻辑思维与非逻辑思维存在着相互区别、排斥的倾向。逻辑思维按严格的规则进行，而非逻辑思维则以其他方式进行。逻辑思维有单一过程的严密性、不可逆性、确定性。而非逻辑思维却没有严格的规则，具有偶然性、可逆性、不确定性，较之于逻辑思维更富有开创性。同时，逻辑思维与非逻辑思维又具有相互渗透、相互促进的一面。在创新思维过程中，逻辑思维时常借助非逻辑的形象思维、直觉、灵感思维取得突破并得以具体化。逻辑思维与非逻辑思维的界限不是一成不变的，在一定的条件下，二者可以互相转化、互相融合。

逻辑思维要达到自己认识的终点需要有非逻辑思维的协助，而非逻辑思维的灵感闪现、证明又要以逻辑思维作为前提和基础，二者相互依存。

## 第二节　创新思维的基本构成与测试方法

"创新思维""创造性思维的构成""创造性思维方式"等，有关此类概念的解说，在今日学术界可谓仁者见仁、智者见智。

"创新思维"是一种个体的综合性思维能力，它是多种思维方式平衡发展、复合作用的结果，并不是什么无规律可循的思维类型。因此，我们有必要从"创新思维"的基本构成上进行分析，从而对创新思维有一个基本准确、内容具体的认识。

首先，在各种思维方式中，"发散性思维"或"多维性思维"对于创新思维的形成来说，具有极为重要的意义。这种思维方式的特点是：思维活动从某一点发生，虽有隐约的总体目标，却没有固定指向，可以根据直接或间接经验，做任意方向的发射；而且这种思维"射线"没有层面限制，具有所谓全方位的立体性。比较线性的、单维的形式逻辑思维，发散性思维因为有极大的驰骋空间，而具备更多的创新机会。"发散性思维"的基本性质是形象思维，其思维基础是想象和联想能力；而想象和联想作为形象思维的基本能力，完全与个体的观察能力相关，与个体经验和知识的积累有关，甚至与个体的非智力情绪情感因素有关。因此，我们讨论"想象和联想能力""发散思维"特征时，也不能忽视其他各种心理因素的积极或消极作用。

"直觉思维"也是一种形象思维。这是人们在反复应和、发挥他们的知识技能的过程中所形成的一种特殊的思维能力。它的特点是：逻辑思维的参与性极小，依赖经验而进行，思维效率高。直觉是一种非逻辑思维性质的跳跃性思维，学者们将它与灵感、顿悟、自由联想等思维形式划在同一个范畴。跳跃性的直觉思维在创新思维活动过程中，所起的作用显得十分突出，在接收和处理信息的过程中，直觉的反应往往具有不同的意义。

关于"创新思维"的培养，要着重强调形象思维的发掘与训练。因为发散的想象与联想能力、跳跃性的直觉思维，最具发展空间，与逻辑思维有根本上的区别。仿人工智能的计算机可以代替人抽象思维，却永远无法模仿创新想象与艺术创作，就是因为计算机不可能有直觉思维的功能。

其次，"批判性思维"是有利于激发创新的另一种思维方式。这是一种个性化的思维，它的基础是怀疑、观察和实验。面对"思维定式"敢于"反向思维"。具有这种思维品质的人，不易受他人的暗示，敢于向传统理论质疑和挑战。无论"形象思维"过程，还是"逻辑思维"过程，都可能产生"批判性思维"，因为它只是一种思维习惯。

应当注意的是，创新思维并不与逻辑思维相对立。逻辑思维的特点是强调思维过程的"系统性"。在创新思维初步形成之后，逻辑思维的整理、提炼作用就显示出来。依赖逻辑"纯化思维"的功能，一个创新思维才有可能成为完整而清晰的思维。实践说明，一个创新思维完成的全过程，还是需要依赖抽象的逻辑思维的参与。

再次，与逻辑思维密切相关的语言能力也是构成创新思维不可忽视的一个组成部分。美国哈佛大学心理学家加德纳教授，把语言能力列为人类智力六大要素之首，这是有科学依据的。现代脑科学实验证明，语言不是思维的唯一工具，但语言作为思维交流的媒介，具有概括、传递和调节作用，它在发挥上述作用的过程中，起到了推动和调整思维活动的功能，本质上促进了人的思维能力的不断提高。所以，语言能力的缺陷往往是个体思维发展不完善的外在表现。

还应强调的一个问题是，要注意创新能力的另一个重要组成部分，即"创新人格"。所谓"创新人格"，是个体创新精神的基本内容，具体包含的内容有兴趣与意志、经历与体验、情绪与情感等。创新人格特征的形成，对于个体创新思维的形成与发展具有十分重要的意义。

根据以上观点，在研究创新思维或创新能力时，就不可忽视情感情绪等心理因素在其间具有的重要意义及其可能起到的重要作用。

针对创新思维测试来说，主要采取的方法有：

第一，测定儿童形象思维与抽象思维的发展是否具有发展的平衡性特点；如果不平衡，则薄弱之处何在。创新思维培养的要点之一就是培养发散性思维，其实也就是一个发掘形象思维基本内涵的问题。固然，逻辑思维的严谨，是创新思维必不可缺的后期环节；想象和联想启动"直觉"，"直觉"触发"灵感"，"灵感"带来创新奇想，创新奇想提出之后，则需要依赖逻辑论证而成立。而就目前学生形象思维与逻辑思维发展的不平衡现状来说，前者发展的不充分性，已经是一个需要提到议事日程上加以讨论解决的问题了。

第二，测定儿童个性思维发展状况及其基本特征。

第三，测定此年龄段儿童的语言感受力，使其语言感受力与思维同步发展，这也与开发少年儿童创新思维有密切关系。脑科学家的研究成果表明，个体的语言理解能力，与其抽象思维能力的发展具有相辅相成、相互促进的关系。

第四，根据思维中掺杂非智力心理因素的原理进行测试。

学校教育是开发和培养思维能力的主渠道，第三次全国教育工作会议强调教育要重视对青少年创新精神的培养，要求真正落实"培养学生的创新精神和实践能力"。

要想从根本上提升学生的创新实践能力，必须做到以下几点：加强对学生思维定式的改造；提升学生想象与联想能力；激励学生的批判性思维、鼓励思维个性化；要在各类各科教育教学中，大力提倡设计形式多样的可操作方案，不仅要努力把"培养创新精神""启发创新思维"树立为各课程的教学目标，还要把它们落实为一个个具体的课时教学目标。

## 第三节 创新思维的基本原理

### 一、研究创新思维基本原理的意义

所谓创新思维的基本原理，是指在创新思维过程中，人们普遍遵循的具有方法论意义的原理和规则。那么，研究创新思维的基本原理有什么意义和作用呢？

（一）研究创新思维基本原理是构造创新思维学理论体系的需要

每一门学科都需要构造自己的理论体系，创新思维作为一门学问，也需要构造自己的理论体系。但是，就目前创新思维研究现状来说，存在着一个重要的倾向，就是研究内容的零乱化、分散化、表面化。不少研究者和他们的论著，主要是借鉴西方创造学和心理学的内容，对于创新思维的一些方面进行了归纳，如创新思维的特征、创新思维的过程、创新思维的环境、创新思维的技法等。其中特别是对于创新思维方法的研究，主要采取列举的方法，把西方创造学中的创造技法直接搬过来，作为创新思维的方法。而对于创新思维的一些本质和核心层次的问题，则很少触及。我们认为，如果这些问题得不到深入研究和总结，那么就不能构造出创新思维学的理论内核，也就谈不上建立起系统的创新思维学的理论体系。研究创新思维基本原理，对于构造一个科学完整的创新思维理论体系具有至关重要的作用。在一定意义上可以说，创新思维的本质及其基本原理是整个创新思维理论体系的核心。

(二) 研究创新思维的基本原理是有效进行创新教育的需要

研究创新思维，不是为了研究而研究，其主要目的在于进行创新教育，在于对全体民族成员，特别是对干部和青少年进行创新教育，以开发他们的创造力，提高他们的创新思维能力。但是如上所述，由于现有的研究未能触及创新思维的本质和基本原理等核心层次的问题，仅仅从表面的技术层次上罗列出一些创新技法，而这些方法较多的是从工程技术的角度概括出来的，适用性不强，对于人们创新活动不具有普遍指导意义。这就严重地影响了创新教育的效果。事实上，人们所从事的实践是多种多样的，人们所面对的工作领域是十分宽广的，特别是对于青少年来讲，早期的创新教育主要是为了开发他们的创新潜能，因此很难专门针对哪一个领域来进行。因此，在创新教育中，普遍的方法论教育就显得尤为重要。无论是从建构创新思维学的理论体系的角度，还是从创新教育的角度，都要求我们必须重视研究创新思维中的一般性原理和普遍适用的规则。

## 二、创新思维基本原理的基础

创新思维的基本原理是创新思维中具有普遍意义的原理和规则。它必须以创新思维的本质为基础。因此，在研究创新思维的基本原理之前，讨论创新思维的本质以及与此相联系的创新思维的阻碍因素是非常必要的。

什么是创新思维的本质呢？

我们认为，创新思维是相对于习常性思维来说的，它是一种超出已知的认识范围，具有开创意义的思维活动。它是人们面对新的问题和领域，运用新的认识方法，开创新的认识成果的思维。因此，也可以说，创新思维就是必须产生新东西，必须出"新"的思维。

创新思维的本质，其实就在于对现有的思维方式，特别是现有的观念和方法的突破。

## 三、创新思维基本原理的内容

在上述对创新思维的本质和阻碍因素进行研究的基础上，我们认为，创新思维的基本原理至少应该包括以下四个方面的内容：

(一) 陌生原理

所谓陌生原理，是指我们在认识事物的时候，要学会用陌生的眼光看问题。也就是说，当我们在认识事物的时候，无论这个事物在过去有没有遇见过，都要把它当作陌生的事物来看待，哪怕再熟悉的事物也不例外。

### （二）归本原理

所谓归本，就是归结到本质、本原和事物的本真状态、原初状态。归本原理指的是我们在解决问题时，要努力抓住事物的本质、本原，抓住事物的本真状态、原初状态，在此基础上寻求问题的解决办法。

### （三）诉变原理

诉变，就是诉诸变化。它指人们在解决问题过程中，要善于在思路上进行变化、变换，以求得问题的解决。运用诉变原理，就是要求我们通过变换，来打破头脑中的固定观念和思维定式的束缚，达到思维创新的目的。

### （四）中介选择原理

所谓中介，是连接问题的起点和目标的桥梁和纽带，是人们解决问题，由起点到目标所必须经过的路径。中介选择原理告诉我们，在解决问题时，必须尽全力找出由起点通向目标所必经的那一中介环节，并以此为突破口和指导原理，来确定解决问题的策略和实现目标的途径。

# 第四章 创新素质与培养路径

## 第一节 创新素质的基础认知

### 一、创新素质的内涵

从不同的角度来分析、论证，可以了解到创新素质的本质和要求。需要特别注意的是：人类的心理会根据社会环境、成长经历、受教育水平的不同不断发生变化。因此，一个人的个人修养并不是固定的，会因受到各种主观和客观因素的影响而发生变化。素质的养成不具有绝对性和稳定性，是随时都在变换的。素质所表现出来的是个体对于社会特征的接受反应情况，除了主观意识上的养成，还需要注意客观环境和条件的影响。对于还未形成独立人格的孩子来说，进行教育和培养是非常重要的。运用可控的因素对难以控制的孩子进行正确的引导，帮助学生养成良好的素质，成为对社会有所贡献的人才。

从素质表现出来的特征可以看出，素质的形成是一个不断递进的漫长过程，并且在这一过程中，素质不会由于时间的累积就越来越高，而是会受到多种条件的影响，从而改变最终的素质形成。经长时间的研究表明，每个人都具有多种素质，这些素质都是后天形成的。在这里我们所说的"素质"指的是多种素质综合在一起的总称。经过良好的教育和培养的人才，会形成优质的知识素养、科研素养。因此，具备创新素质的人才一定具备很多方面的优良本质。

### 二、创新素质的结构要素

要想具备创新素质，就需要先掌握知识技能和技术技能。只有具备基础的专业技能和知识储备，才可以将自己的先进思维进行实施。构成创新素质的要素包括先进的意识、扎实的技巧、健全的人格。要想为我国培养这类人才，就需要将引导学生形成创新思维作为自己的首要教学目的。

（一）创新意识——动力系统要素

想要成为创新型人才首先需要具备创新思维，只有思想处在前沿，才可以引领人的行为。优质创新思维的形成需要先进的意识，并运用这种创新意识对具体的实践操作过程进行指导。形成创新意识的条件是基于人们对于当下生活产生的不理想以及对未来生活的畅想。创新的事物是在已有的事物基础上，根据时代要求形成的新事物，更适应当下社会的发展，并且可以指导具体的生活，为我们的生活带来更加便利、更加丰富的作用。随着时代在变化，社会不断地在进步，生活中的一切事物都在以创新的方式出现在我们的眼前。例如，石器时期的生产模式与当今的生产模式是截然不同的。这是由于人们发挥自己的创新意识，并且结合实践操作所带来的成果。任何创新性的事物都是建立在原有事物的基础上，并对原有事物中不合理的地方进行改造，将优秀的地方继承下来，并结合自己先进的思维所形成的新意识。人们只有在不断生产生活的过程中，才可以发现身边事物的不合理性，并且根据时代特征，对其进行改造与优化。当今社会的每一个领域的主要人物，都对着自己领域的发展在进行着创新。人们的主要目标是将自己的事情可以以更好更快的方式完成，并且将原有的收益增加到更大。追求创新意识是人类社会的标志，只有不断地进行创新，才可以令我们的社会制度更加完善，生活水平得到提升，人们的思想也会更加先进。

### (二) 创新能力——运作系统要素

创新能力指的是具有先进的思想意识，并且可以对身边已存在的事物有新的发现，将自己的想法与现实生活相结合的一种能力。这种能力也是对原有事物不合理的地方进行剔除，并且将不适合时代发展的部分进行改造优化，使其可以将优秀的部分保留，对于不适合发展的部分进行更新，使整个事物适宜社会发展。创新能力由感知灵敏性、创新思维和操作能力三元素构成。

#### 1. 感知灵敏性是认知过程的基础阶段

如果需要对事物进行新的认识与了解，就需要具备敏锐的感知力。拥有敏锐的感觉器官的人可以通过视觉、听觉等方式，对于周边的事物有更多新的发现，察觉出常人无法察觉的事物，并通过自己丰富的想象力来对事物进行想象，从而创造出新的事物。感知的灵敏性体现在遇到海量的信息及其数据时，可以通过自身人脑的筛选，从而选择出可以辅助想象的事物。并且可以以较快的速度在大脑中形成具体的认知，将事物的各个特点及其性质熟练掌握，很快就察觉出事物的适应与不适应，结合时代发展的特征，对于事物进行优化或改造。人体各个感觉器官的灵敏性是具备创新能力的基础条件，只有具备这类天赋才可以在创新这方面取得较好的成绩。创新本就是一种超出现在的事情，因此一定要具备比常人更加敏锐的观察力，人的想象力才可以达到创新的境界。

## 2. 创新思维是认知过程的高级阶段

如果说，敏锐的感知器官是创新能力的基础条件，那么具备一定先进的思维就是形成创新能力的高级条件。创新是指在遇到问题或未发生的问题进行解决过程中，可以提出与常人不同的方式，从而为解决问题提供更多的途径与角度。这种先进看待问题的角度就可以被称为创新思维。当一个人具备这种思维能力时，就会找出更多解决问题的方案，并且不会受到通常思维的限制，可以运用不寻常的观点来对问题进行解决。拥有这种思维能力的人需要跳出惯性思维，不要用常人思考问题的方式来看待问题。需要在掌握常人思考问题角度的基础上，还可以开发出更多的角度来对问题进行思考，如果具备这种思维能力，那么就会使创新能力得到更好的提升。

## 3. 操作能力是个体有意识地调动自己的外部动作

当一个人的感觉器官足够灵敏，并且也具备一定的创新思维，那么它需要进入实际操作阶段。只有将自己的操作能力提升，才可以将先进的想法付诸行动，对具体的问题进行有效解决。这也是培养学生创新能力的意义所在，通过对思维与认知的培养，从而提升学生解决问题的能力，在不断实践操作的过程中，可以使创新思维得到锻炼，并且也会对事物形成更多的认知。操作能力的培养可以为前两部分的能力做一个补充作用，不仅可以在操作过程中得到实践的能力，还可以使意识和认知能力都得到提升。因此，在整个创新意识的培养过程中，操作能力所占的地位是非常重要的。

### （三）创新人格——调节系统要素

创新作为一种实际操作的活动形式，如果只具备动手能力是完全不够的，更需要的是具备创新型人格。通过从小不断地接受培养和熏陶，将自己的认知得到提升，并且需要对于创新这方面具有一定的天赋，才可以在积极正确引导的基础上，开发出自己的创新思维。通过创新思维来不断思考问题、解决问题，最终形成创新型人格。只有当整个人的意识层面得到更好的发展，才会在实验操作的过程中，运用不同的方式来解决问题。形成创新人格最重要的一点是培养开朗的性格，由于开朗性格可以使人际关系及各类艺术能力得到大幅度的提升，因此对于创新人格的形成会起到很大的作用。

优质的创新意识，在创新人格中起到核心的作用，这种意识可以为人们在形成创新思维的过程中提供一定的支撑。坚定的意志力与不屈不挠的精神可以在不断反复的实验操作过程中，为其提供更多的鼓励，并且使其可以进行反复实践。因此，坚韧的意志力在培养创新意识的过程中起着非常重要的作用。

## 三、大学生创新素质的现状特征

### (一) 大学生创新意识的现状特征

作为我国主要人才培养基地的各个高等学校,更应当重视对于学生创新意识的培养。但通过统计,我们可以看出处于高校时期的学生创新意识薄弱,并没有形成独立的创新意识,并且在做事情的时候缺乏独立思考的能力,对于家长和老师有一种依赖心理。因此,会导致学生的创新意识无法形成。由于当前高校针对各个专业进行分类教学,因此学生的思维很容易被固化,无法采用发散性的思维来对问题进行思考,也就会使其在实验操作的过程中无法形成更多的创新思维。当今高校主要,还是延续传统的教学方式,教师讲解学生听课,没有给予学生更多自我表现的机会。学生在课堂上需要做的任务大部分是教师布置的任务,很少有自己独立思考的机会,因此,会导致学生无法形成较为先进的创新意识。

### (二) 大学生创新能力的现状特征

由于当前高校的学生创新意识淡薄,因此在对事物进行认识时的创新认知也不够,最后导致大学生缺乏创新能力。如果想要提升学生的创新能力,就应该给予学生更多自我学习及独立实践的机会,让学生可以有独立的空间来对事物进行详细的认知,并且产生独立思考,在这样不断的训练过程中才可以使学生形成创新能力。只有给予学生一定的探索机会,学生才可以发现创新的重要性,从而提升自己的专业知识及其技能。当学生的知识储备及专业技能得到提升之后,就会为形成创新能力提供一定的物质基础。

经过对于各大高校学生的研究表明,现行的学生创新意识呈现出有想要创新的想法,但是无法落实到实际操作中。由于学生缺乏专业知识及其技能的支持,并且没有教师对其进行正确积极的引导,就会使一些学生没有办法认识到创新的重要性,并且对于事物的认知也不完全,会处于一种迷茫的状态。这种现象非常不利于大学生形成创新意识。由于这一过程存在的时间较长,如果想要改变这一现状,需要国家及各级政府制定相关的政策,并且学校相关管理人员应对学生的教学计划进行重新部署。教师在具体落实的过程中,对于学生进行监督与管理,为学生提供独立展示的机会,从而使学生的创新能力可以得到提升。

# 第二节 大学生创新素质培养面临的问题

随着当今时代的快速发展,科技水平不断进步,人们对于人才的要求越来越高,如果还延续传统意义上的教学模式，则不能培养出适合社会发展的人才。那么，就会使大部分学生毕业之后面临着失业的问题。如果想要改变这种现状，就需要在学生处于高校期间就对其进行创新意识培养，制定相关的课程及活动，使学生可以形成创新意识，并指导具体的实践活动。培养学生的创新意识这一环节正是当今高校所缺少的。因此，国家及其教育部门应当对这一问题进行重视，展开具体计划落实到具体的教学活动中，将学生培养成为创新型人才作为自己的教学目的。

## 一、创新思维不活跃

在高校的教学任务中，缺乏对于学生创新思维训练的这一环节，但是这一思维活动的锻炼，正是培养学生创新能力最重要的一部分，只有将思维方式进行转变，才可以使学生创新能力得到提升。当今时代的各高校大学生的创新思维，主要呈现出一种不成熟的状态，一些思维较为活跃、智力条件较好的学生，由于没有经过系统的训练，在对事物进行认知与操作的过程中会表现出不成熟的状态。如果想要改变这一点现状，就需要在高校的课程设计中加入创新思维培训的内容，对学生的思维进行系统的训练，让学生可以从多角度、多方面来思考问题，这样学生所提出来的方案就会多种多样，使思维得到锻炼，逐渐形成创新思维。在具体的教学任务中，可以为学生提供更多独立展示能力的机会，让学生可以通过自己丰富的想象力以及较强的动手操作能力来自己形成独立创新的思维。给予学生更多的思考空间，让学生对于问题有更多的时间来进行多角度分析，这对于学生形成创新思维起到非常重要的作用。

## 二、创新能力较低

创新能力是由创新思维和操作能力两方面来构成的，如果让学生形成创新思维，那么接下来需要做的就是使学生的实际操作能力得到提升。只有学生具备自己独立操作的能力，才可以将自己的想象力付诸行动。在遇到问题时，通过多方面多角度地思考来将问题得到有效解决。如果想要具备实际操作能力，就需要学生掌握更多的知识与技能，这是形成创新能力的基础条件。只有学生的知识储备达到一个较高的层次，才可以对事物进行重新思考与定义，从而产生创新意识，通过运用自己所掌握的知识与技能进行实践操作。但当今各个高校的学生，由于学习的专业较为单一，并且缺乏实践操作的能力，因此，其创新能力较低，无法进行实践操作。

## 三、创新人格不够健全

创新型人格是由较好的知识储备及较强的实践操作能力所构成的，不断对于事物进行探索与发现，并且提出自己的创新型想法，才可以逐渐形成创新人格。在形成的过程中，需要对学生进行专业的培养，学生的思维得到更好的锻炼，才可以逐渐地形成创新人格。但当今高校的学生由于缺少操作的机会，并且对于创新这方面的内容缺乏认知，无法产生兴趣。因此当今高校的学生表现出来的创新人格是不够完善的，无法发展成为创新型人才。

（一）求真务实的特点较为突出，但进取张扬的个性不足

由于当今的整个教育处于一种应试教育的阶段，高校重视学生的成绩及对理论知识的掌握程度，缺乏对学生思维的锻炼。因此，会让学生在学习的过程中，只注重对于理论知识的学习，而缺乏自己独立动手和独立思考的能力，这对于培养创新型人才产生阻碍。

（二）少数学生不具备坚强的意志力和顽强的拼搏精神

由于当今社会生活水平较高，人们的温饱已不成问题，所以会导致当今的学生缺乏吃苦耐劳、坚持不懈的精神。这一现象会体现在学生学习的过程中，学生在学习过程中遇到一点问题就想放弃，不具备顽强的意志力。因此，会导致学生对于创新思维进行培养的过程中产生退缩抗拒的心理，非常不利于自己创新能力的提升。

## 第三节　大学生创新素质培养面临问题的原因分析

当今学生的创新素质低下，不仅是由于各种客观环境所产生的影响，学生自己本身主观意识上也存在着一定的问题。

### 一、外部环境分析

（一）大学生创新素质的缺乏首先是由于传统的教育教学体制的影响

虽然我国现在各个行业都处于发展上升阶段，但是国家及政府对于教育方面的各类资源提供仍较为匮乏。并且没有提出新式的教学方向指导，这导致我国当今的教育还是属于传统意义上的应试教育，无法对于学生的创新意识进行很好的培养。学生的主要目标还是通过对理论知识的学习来提升自己的课程成绩，从而在各类考试过程中可以取得较好的名次。这种传统的教育方式，使学生无法摆脱固有的思维，就会对于创新这方面的认知不是很全面，并且缺乏实践操作的能力，对于学生提升自己的创新能力，起着很大的阻碍。

我国当今的教育方式还停留在传统意义上教师占据课堂的主体地位,学生只负责完成教师布置的任务,不能在课堂上拥有更多自己独立展示的机会,这就会导致学生的思维没办法活跃起来。并且他们的任务更多的是按照教师的指令来进行学习,并没有自己独立思考与独立动手的机会,导致学生的思维被固化。对于学生学习的主要课程内容,也是主要偏重于对系统专业知识的学习,这类教学方式所带来的价值更多的是通过考试,对于指导实践活动的意义不大。因此,继续延续这种传统的教学方式,已经不适宜当今的时代要求,非常不利于我国培养创新型人才。

(二) 对人才评价的片面化、表面化和功利化倾向误导着创新人才的培养

大学是学生从校园时期步入社会时期的一个重要过渡阶段,因此,对于高校时期的学生所传授的更多的是如何适应社会的能力,就会缺少对学生创新意识的培养。但是当今的社会发展最需要的就是创新型人才,国家应该将学生培养为创新型人才作为主要的教学目标,并且让各大高校落实到实际教学的过程中。所谓的人才是可以为社会及其国家创造收益、做出贡献的一类人,并不是为了适应社会,而拥有较强技能与知识的人。只有认识到人才的真正含义才可以将教学目的与学生发展良好结合。这不仅可以使学生自身的能力得到提升,也会为社会创造更有价值的资源。

(三) 学校缺乏培养大学生创新素质所需要的民主宽松的环境

由于我国高校仍延续着传统的教学方式,因此对于培养创新型人才缺乏一个良好的环境。由于政策落实的滞后性、时代的不确定性,因此对于教育上所产生的问题很难在较短的时间内解决。这需要我国相关教育部门及高校制订具体详细的计划,并且经过较长时间的试验才可以落实到真正的教学任务中,为学生创造出适合培养创新意识的优良环境。

## 二、内部条件分析

(一) 大学生的社会责任意识不强,缺乏科学奉献精神

如今我国经济发展迅速,各个行业呈现出欣欣向荣的景象,人们的生活水平得到大幅度提升。人们不再为温饱问题而苦恼,获得的更多是享受,这种安逸的生活就会使现在的学生产生懦弱心理。由于现代的学生没有太多生活上的烦恼,也没有经历过自己独立劳动的辛苦,因此会导致学生在遇到问题时,缺乏独自面对的能力,并且针对学习上的困难,轻易就会选择放弃,缺乏锲而不舍、探索钻研的精神。但是当今的学生是祖国明天的希望,因此,必须磨炼学生的意志力,并且让学生独立地思考和解决问题。家长需要做的就

是给孩子更多自我解决问题的机会，不要什么事情都代劳，这样不是真正的对孩子好，会让孩子的意志力消磨，在遇到问题时手足无措。教师需要做的是引导学生形成独立的思维，减少对父母的依赖，在实践活动中找到自己的价值，并在将来为社会做出贡献。由于当今的学生大部分是独生子女，父母从小就捧在手心里，这会导致学生的性格偏向自私，不愿意与人分享，这非常不利于集体的团结，也不利于学生之间相互合作完成任务。因此，需要教师正确引导学生将自身和集体的关系妥善处理。

良好的社会责任感是学生养成创新素质的必备条件。学生应在参与教学活动时，形成团结的集体意识，并针对自身的问题勇于承担。但学生可以独立思考，并学会和其他学生进行协作，那么创新意识就会逐渐形成。形成创新意识需要学生有明确的奋斗目标，并且具有独自面对问题的能力。在对问题不断进行探索的过程中，会使学生的创新能力得到训练。在创新的道路上，需要较长的一段时间来进行探索，会出现多次失败，但是不要放弃，坚持不懈地进行反复改进，最后会获得到成功的喜悦。想要对未出现的事物来进行创新，是一件很困难的事情，需要有强大的内心和丰富的知识及实践经验。想要最后创新成功，较强的社会责任感和坚韧不拔的信念感是非常重要的。

### （二）大学生的问题意识不够强烈，缺乏大胆质疑精神

我国一直延续的教学方式是把教师放在课堂上的主要位置，学生只是被动的接受者。在课上大部分的时间都是教师在进行讲授，学生没有展现自己的机会。这种教师的权威习惯，会导致学生不敢对教师进行质疑，而且缺少自己独立思考的能力。当代的教学模式应当改变这种不合理的模式，教学的主要目的是将学生培养成才，但显然传统的教学模式不仅不会让学生的能力得到提升，甚至会产生阻碍。因此，需要将课堂还给学生，让学生有更多的时间和机会来进行独立思考和动手实践。

将学生创新意识的提升作为教学的最终目的，围绕着这一主题展开对教学方案进行设计。想要让学生形成创新意识就需要让学生敢于说话、敢于质疑，只有在不断地提出问题、解决问题的过程中，才可以让学生的创新思维得到锻炼，最后形成完善的能力。

### （三）大学生对实践活动不够重视，缺乏吃苦耐劳的精神

当今的教学方式不注重学生实验操作的能力，只是要求学生牢记理论知识，这非常不利于学生形成创新的能力。由于长期以来都是这种教学方式，因此，导致学生形成固有的学习模式，将自己的思维禁锢，对于处理问题缺乏多样的思考。并且学生由于缺少动手操作的机会，会在一些实验活动中表现出不熟练及胆怯。这都是由于缺少实际操作机会所带来的负面影响，从而导致学生在遇到问题时，没有足够的意志和精神来解决。

给予学生更多的动手机会，可以使学生的综合能力得到更好的锻炼。在实践的过程中，学生所能学到的是课本和教师讲授没办法给予的能力。由于社会实践活动的实施会使学生得到更好的发展，因此，家长和教师都应当认识到学生独立实践的重要性，让学生发展成为理论知识和实践操作全面发展的人才。在实践的过程中，可以让学生体会到动手实践的困难性，利于磨炼学生的意志力和操作力，会让学生养成坚韧不拔的良好品质。并且在自己动手实践时，虽然过程漫长、艰难，但是得到胜利果实的那一刻是非常开心的，可以培养学生对于学习的兴趣。实践对于学生学习来说是非常重要的，我国一定要尽快将现在的应试教育进行调整，才可以将学生培养成为适合时代发展，并具备创新意识的人才。

由于改变教学模式是一件艰巨又困难的任务，因此我国现在还处于研讨阶段，无法落实到实际教学活动中。现在的学生还是呈现出知识储备较全，但是实践能力较为匮乏极度不均衡现象，这就会导致学生的创新意识也无法形成。目前可以采取的措施就是将课堂上更多的时间还给学生，让学生可以有更多的实践机会来提升自己的操作能力，这样才可以为培养学生的创新能力提供良好的先决条件。

## 第四节 培养大学生创新素质的路径探索

### 一、优化大学生创新素质培养的外部环境

#### （一）优化创新人才培养的校内、外教育环境

将学生培养成为创新人才不仅是教师和学校的任务，也需要在学生活动的其他场所进行教育，如在家里、在社会中。对于学生创意意识的培养并不是一朝一夕就可以完成的，需要不断地进行熏陶和培养，才可以将学生培养成具有创新素质的主体。将学生这方面的能力进行有效提升，是需要良好的创新环境和创新条件的。由于创新是对原有事物进行改造和升级，因此，创新具有不确定性，没有人可以保障创新就一定会对生活产生有利影响。创新的过程可能需要多次反复地实践，才可以最后获得成功。而学生不仅需要具有创新的能力，还需要承担创新过程中失败的可能。

在高校的学习环境中，需要教师和学校管理人员为学生提供良好的创新氛围，并支持鼓励学生进行创新实践。高校的职责就是教授学生知识和技能，使学生的文化修养、素质修养得到提升，并且在不断学习和实践的过程中，将自身的人格完善。高校作为传播文化和知识的圣地，应该对各个种类的文化都有所涉及，保证文化的多样性。只有接触的文化

种类较多,才可以在形成思维模式时更加发散,在遇到问题时,可以通过多方位、多角度进行分析和解决。各个高校需要为学生营造轻松、自在、有趣的学习环境,让学生愿意积极主动地参与到学习实践中来,并对于看待问题形成自己独立的思维模式。

## (二) 积极探索教育教学改革的有效途径

第一,改变长期以来固有的教学模式,发展符合时代要求的新型教学模式。当今时代在快速发展的过程中,科学技术方面取得了显著的成绩,因此,对于创新型人才的培养是非常重要的。高校作为培养人才的重要基地,需要对学生进行创新的教育和培养,为顺应时代发展,应当将提升学生的创新思维和实践操作能力作为自己的最终教学目的。

第二,营造自由、轻松的教学环境,教师也要尽快改变原有的教学模式,将课堂上的时间更多地留给学生,让学生可以有一个充分发挥创新能力的机会。教师需要做的是为学生提供实践所需要的各类工具并对新知识或新活动进行简要的讲述,然后将时间和空间留给学生,让学生可以大胆发挥自己的想象力,并将想法付诸行动。但是学生由于自身的生活经验和知识储备不够丰富,因此,在实践活动的具体操作时可能会出现问题,这就需要教师从旁协助,帮助遇到学生解决困难。

## (三) 建设一支具有创新素质的教师队伍

建立一支具有创新素质的教师队伍,是推进创新素质教育的主要保障。教师是大学生创新素质文化的直接组织者和实践者,教师队伍素质的高低直接关系到教学效果和教学质量,也直接关系到创新素质的高低。车尔尼雪夫斯基说:"要想让学生成为这样的人,他们自己必须是这样的人。"因此,为了最大限度地发挥学生的创新潜能,培养出具有创新素质的一代大学生,教师首先必须具备创新素质。换句话说,教师要有强烈的创新意识和创新能力,能够主动出击,及时了解本学科的新信息、新动态、新趋势,吸收其营养,不断更新,创造出不同于其他学科的新的学习和教学形式、方法和途径。他们必须有较强的思维和组织能力,灵活有效的思路;他们必须有敏锐的观察能力和丰富的想象力,能够长期把握和理解学生的热情,以便因材施教,为学生的个人发展做出贡献。为此,我们应把提高教师的创新素质作为教师培训的核心内容。在高校教师培训中,要强化单科知识,拓展多科知识,使教师的知识结构达到博与专的结合;要更新知识,提高素质和能力,切实提高教师的创新思维和创新能力;要结合教学和培训研讨,提高教师的教学技能和水平,提高教师指导学习过程的能力,以此才能够为培养高素质、创新型人才准备一批高素质、创新型的教师。

第一,必须优化教学资源的配置。要充分发挥当前每一位优秀教师的模范带头作用,改革高校教师的录用和调配机制，确保高素质人才充实到教师队伍中。创新是所有个人的固有能力，只是它因物而异、因时而异、因人而异、因环境而异。严格来说，创造力是无法被教授或培养的，它只是需要被刺激或发展。对于学生来说，他们的创造力能否得到充分发挥，更多的是与教师的思想观念、思维方式、教学方式、德育教育、人格特征、兴趣爱好等有关。从这些方面入手，提高教学质量，才能够实施创新素质教育，比通过创新培养创新人才的想法要现实和简单得多。在今天的教师队伍中，这些方面的佼佼者依然存在，只是分布不均，地区和学校之间存在差异。要改变这种状况，在短期内要加大不同地区、不同学校之间的教师交流，选拔少数道德和业务素质高的教师，让他们到落后地区、落后学校去扶贫助学。也可以从落后地区和学校中选拔教师到发达地区和优秀学校任教，在获得实际经验后再回到自己的地区和学校任教。从长远来看，应适当控制教师的"进口"和"出口"。在"进口"方面，省级机构应打破地域界限，扩大发放许可证的地域范围，并允许省级和区域间的对接。世界上一些著名的大学，它们的学生几乎来自世界各地，一些老师也来自不同的国家，学生可以经常接触到来自不同地区和国家的老师和学生，真正体会到不同国家和地区的文化差异。不同地区文化的交流、思想的碰撞、思维的碰撞，必将给学生带来新思想、新观念、新视角，激发新活力，有利于培养学生的创新意识、创新精神和创新能力。在"出口"方面，要充分利用双向选择机制，打破"从哪里来，到哪里去"的旧观念，鼓励师范类毕业生到外地工作；或者制定制定一套优惠政策，吸引师范类毕业生到外地工作。一套优惠政策吸引师范类毕业生到本地工作，特别是落后地区的师范类毕业生，在有限的时间内，期满后仍可能是"双向选择"，愿意留下的享受优惠政策，不愿意留下的就让他们飞。无论是"进口"还是"出口"，这一愿景不仅可以建立在师范教育的基础上，还可以找到吸引非师范学生进入教师行业的方法。这主要是为了优势互补，优化教师的组成结构，尽量减少一些问题和通病，以此才能保证教师的质量建立在优秀的基础上。

第二，要重新设置教师教育的形式和内容，将学术教育转变为学术技能教育，使教师在思想观念、师德修养、专业知识和教学水平等方面真正从教育中受益。教师培训作为提高教师地位的一种手段，具有积极的影响。然而，不可否认的是，目前的教师教育强调的是教育而不是学术技能。大多数教师接受培训是为了提高他们的学术能力，因为这与他们的个人利益有很大关系，没有人敢忽视它，而教育机构也试图通过提供学术教育来生存，因为经济收入是维持经营的重要因素。每一方都有自己的利益和好处。如果这种培训有助于提高教师的整体专业素质，那就没有错，但这就也是问题所在。有人说，现在有些教师经过培训，文凭有了，学历也提高了，学识（主要指教学能力）却没有多大进步，与培训之前差别不是非常明显。这可能有点偏颇，但并非完全错误。因此，教师教育不应该是学术性的,而应该注重真正的学识;其次,要改革传统的讲课、知识传授和纸上谈兵的模式,努力使教师的教育形式和参与方式多样化,并与教育计划和教学实践相结合;最后,改革传统的教师主讲、单一知识传授和论文写作模式,力求在经过培训之后,教师就能"说他们想说的""做他们想做的",在素质上都有所提高。

第三,我们必须优化教学管理,减少学生的课业量,但也不要忘记"解放"教师,给他们更多的时间、空间和权利来落实自主教学,使其主动性得到最大化发挥。我们知道教学工作是及其复杂的,其中会涉及很多类型的关系,这些关系会组建成各种类型的教学情景。可能某一具体的行为方式、特定的情境会在课堂上表现出极有效的教学成果,但若是转换到其他的空间范围内,很有可能会失败。这也要求管理者能够对不同类型情景做出正确的评价,明确情景的具体要求与特定需求,由此方可开展后续的行为与行动。当教师迈入教学空间的那一刻,他就是课程的主要管理者,教师在既定的教学空间内可以根据已知教学情景,做出教学工作的自主判断,可以在课上表现出自己的教育工作主见,也可以体现出个性化教学形式,由此就能够形成教师独特的教学风格。实际上,院校的领导是没有权限去干预教师的教学行为与教学流程的,也不可以将自身的管理思维强加于教师的教学行为之上。教师需要在具体的教学工作中结合现代化的教学理念来反思自身的教学成果,这样可以帮助教师不断提升自身的教学能力,还可以及时更新课上的教学方式与思维习惯。作为院校的领导一定要具备善于发现教师优势的能力,要对教学风格突出的教师给予鼓励,使其能够在日后的工作中提升整体的教学效率,以自身教学优势体现教育艺术中的个性化因素。教师在课上实施个性化教学,学生能够在学习中养成个性化的学习习惯,在潜移默化中得到创新能力与创新素质方面的熏陶与培养。若是想要成为一名具有高素质的专业教师,就需要在教学工作中突出"个性化"。除此之外,教学工作的创造性特征也是极为明显的。所以,需要教师能够在本职工作岗位上保持高度的热情,以此就能够在课上构建出民主、和谐的氛围。人们在关注"减负"时,将更多的眼光放在了学生身上,实际上,在教学工作中教师对"减负"有着同样的需求。教师这支队伍是具有特殊性的,他们的自尊心与上进心极为强烈,所以,在对教师队伍实施管理时,不要仅凭单一的规章制度,要投入更多的情感,要尊重与理解教师的教学思维和行为,为其提供一片可以自由翱翔的教育蓝天。

### (四) 进一步加强校园文化建设

广义的校园文化,是校园主体在实践活动中创造的物质和精神财富的综合体。更具体地说,校园文化是反映高校学生、教师、管理人员和后勤人员通过学习、教学、研究、管理和服务所创造的校园主体的价值取向、生活方式、活动过程和结果的各种文化形式的综合。它主要包括概念文化、制度文化、管理文化和物质文化。

第一，校园文化通过环境、氛围、条件和活动影响和教育学生，使学生享受到思想的启迪和情感的共鸣，有助于他们形成优秀的个人品质和积极健康的心理状态，树立科学的眼界、崇高的审美理想、恰当的审美观念和健康的审美情趣，以此才能够形成完美的人格。第二，校园文化以其跨学科的包容性和院校统一性，成为确保学生个性得到自由、立体、开放、多面、多渠道发展的一方天地。丰富的校园文化的建立，让学生能够扩大知识面，调整知识结构，让他们自由发挥想象力和创造力，在分析不同信息和做出相关决策的过程中，让他们的组织管理能力、社交能力、自主能力、创新能力和各种情感因素得到不同程度的发展，以此才能够最大限度地发挥出学生的个人创新潜能。综上，作为社会主义先进文化的重要组成部分，校园文化在大学生创新素质文化中起着关键作用，是大学生创新素质文化的重要支撑。

现如今，高校的校园文化建设存在各种问题，不利于创新，需要及时调整和优化。只有认识到校园文化建设的实质，以创新的方式开展校园文化建设活动，才能实现培养大学生创新素质的目标。

第一，以人为本的教育理念将渗透到整个教育过程。必须树立终身学习、创新教育和科学发展教育的理念。高等教育是终身学习的重要阶段，作为院校，需要明确的是，不应将学生的专业培训局限于某单一领域中，需要为其提供多样的课程内容与灵活的教育措施，这样才能够为学生学习意识的连续性创造条件，深化其学习态度，促进终身学习目标的实现，使学生的创新能力得到协调发展。

校园文化涉及的内容和范围很广，各学校的情况也大不相同，但就培养创新意识和创新能力而言，校园文化的内容至少应包括几个方面：秉承真理，尊重科学，发扬民主，积极向上。在学习过程中，每个学生都应该感觉到自身个性得到了尊重，老师能够时刻关怀每一名学生。没有一个学生会因为被怀疑缺乏能力，无法在学校和课堂上得到尊重而感觉到被冒犯。创新教学的一个重要目标应该是发展教师和学生之间的健康关系，在这种关系中，人性和人类价值得到尊重，教师和学生相互尊重，教师不以权威来压制学生，学生也不会无条件随意服从"命令"，教师的尊严得到尊重，学生充分重视自己的主动性。

第二，建立一种促进个人发展的学习方法。在工作中教师应该选用有效措施，创设可以激发学生热情的学习情境和氛围，使学生产生强烈的学习愿望，自觉参与学习活动，成为学习的主人。这一教学理念的实施，将改变传统教学中学生在教室里横排、竖排座位的空间结构，缩减教师主讲的时长，增加教师与学生的对话、小组讨论的交流时间。这样，师生之间的交流就会成为教学活动的有效互动，以此使全班形成一个双向、多向、多形式的互动网络，在平等和谐的互动氛围中发展学生的个性。教师不要给学生先入为主的结论，而是从学生好学、好问、好动的心理特点出发，让学生自己发现问题、分析问题、解决问题，成为主动的学习者，使学生成为知识的主动发现者，而不是知识的被动接受者，以此才能够发展创新思维，培养学生的创新素质。这就创造了研究问题的情景，产生了学习的内在动力，鼓励学生对研究问题和类似问题进行思考，使他们努力探索和掌握科学思维，以此才能够提高他们的创新素质，激发他们的创造潜能。只有这样，教师才不会在课堂上向学生灌输大量的知识，而是想方设法把学生的目光引向校园外浩瀚的知识海洋；才不会让学生死记硬背许多公式和定理，而是一丝不苟地向学生讲解如何面对未知领域去思考和寻找问题的答案；才会尽力保护学生的探索精神和创新愿望。他们将尽最大努力保护学生的研究精神和创新欲望，为培养学生的创新素质铺平道路。

第三，建立了一个和谐发展的管理服务愿景。管理的主要任务之一是为被管理的人提供一个高质量的服务环境。为此，有必要建立一个和谐发展的管理服务愿景。也就是说，管理服务要体现灵活性、系统性、动态性、生活性的原则，要尽可能满足广大师生的需求，以提高管理服务质量，为全校师生员工创造最佳环境条件。大学的管理要体现公平、公正、公开和学术质量的精神，创造一个具有共生性、多样性等特点的优越环境，为全校师生员工提供一个创新和学习的空间，使他们的个性和智慧得到充分发展，实现他们的价值。环境管理可以保证学校的科学研究、科技成果转化和知识服务与社会生态系统建立良好的联系和合作，为学校与其他生态系统之间频繁的能量和信息交流提供最佳服务条件，促进学校科技创新的发展。管理服务理念的确立，能够激发学生的创业精神，鼓舞学生的意志，使学生团结一致，共建美好校园，促进学校创新人才事业的健康持续发展。为了关注学生的教育权益，学校致力于选择一流的教师、设施和管理人员，为学生的学习和生活提供一流的服务，使学生能够接受最先进的教育，充分开发个人的创新潜能。行政人员有义务将学生作为具有独立和平等人格的主体，尊重他们，以合理的方法和态度保证学习和职业生活的条件，不限制他们的权利和地位、阻碍人格的健康发展。只有这样，大学才能不断自我更新、改善各种环境条件，培养出社会需要的、具有"创新品质"的"适销产品"，这才是满足社会整体需求的具有核心素养的人才。

## 二、创造有利于大学生创新素质培养的内部条件

### （一）加强思想政治教育，增强大学生的社会责任感

大学生是一个特殊的群体，社会和家庭对他们的期望值高，自我定位高，对成功的渴望高，但社会经验相对有限，思想发展不成熟、不稳定。高校思想政治教育在培养学生创新素质过程中的引导作用主要体现在价值取向、目标取向和行为取向等方面。培养学生创新素质

的目标是什么？学生对创新的价值取向是什么？什么样的创新是有意义的？这就是高等教育中的思想政治价值导向教育所解决的问题。高校的思想政治教育可以帮助学生了解培养创新素质、责任感和使命感的重要性和现实意义，认识到只有创新才能进步，只有创新才能胜利。可以帮助学生正确认识创新、科学评价创新，认识到创新的社会价值；可以帮助学生培养马克思主义的科学眼光和思维以及创新精神，跟上时代的潮流，为国家、民族和人民不断创新的理念，增强创新的内在欲望。创新是指促进人类进步和社会发展的实践活动，而不是一般的创新，其实无论是理论创新和技术创新，还是创新本身，或者创新成果的转化，都有一个导向问题。高校思想政治教育就是要通过各种活动向学生灌输正确的社会价值观和态度，以此才能够影响和引导学生的创新行为及其成就方向。高校思想政治教育可以帮助学生勇于创新，不断形成创新人格，引导学生明察秋毫、身体力行，培养服务人民、奉献社会、追求真理的创新人才。科学的理论指导、合理的目标定位、正确的舆论引导、正确的创新评价，是发挥思想政治教育主导作用的需要。而思想政治教育正是通过培养大学生正确的人生观、世界观和价值观，为大学生的创新素质教育指明了方向。调查显示，大多数学生认为高校思想政治教育中的世界观、人生观和价值观教育对创新教育和素质教育的建立起着主导作用，他们认为只有建立正确的世界观、人生观和价值观教育，才能更好地把自己的志向、意志和勇气引导到有利于国家复兴的学习和研究中来。在正确的视野、人生观和价值观的指导下，能够正确认识和欣赏社会、人生和世界，正确认识和分析客观事物，培养和保持健康的心理，形成良好的个性心理品质。思想政治教育与时俱进，适应环境，以平常心面对各种失败的要求与创新素质的培养不谋而合。提倡积极创业，摒弃安于现状、随波逐流的思想，无疑是培养创新素质的基本精神和前提条件。

　　要增强学生的社会责任感，第一，要加强理想信念教育。责任感模糊的本质是缺乏理想。因此，要增强学生的责任感，首先要帮助他们树立远大的理想，把个人理想与社会发展、民族复兴的社会理想结合起来。在新的历史条件下，我们必须采取有效措施和形式，顺应时代发展要求，积极宣传共产主义理想信念，帮助大学生树立科学观和人生观。特别是在本科生和初中生的教学中，要注重培养学生的理想和人生观，帮助他们尽快完成人生目标的转变，使他们清楚地认识到自己肩负的重大历史责任，不断加强和进一步巩固教育成果，唤醒和吸引学生的注意力，营造可持续性的教育氛围，使教育内容融入信念，寓于其中。这样一来，教育内容可以融合在信仰中，学生在学习的过程中社会责任感也可以逐步加强。

　　第二，要改进教学方法，提高教育效果，充分发挥主体在教育过程中的作用。作为教育工作者，他们必须明白，权利和义务总是相辅相成的，没有什么义务是与权利分开的。因此，培养学生的社会责任感必须授予某些权利。特别是教学方式从灌输式转向启发式教育，调动学生积极参与，想其所想，解其所需，注意挖掘学生思想的闪光点，鼓励他们积极思考，在帮助改正错误观点时注意方法，不挫伤学生的积极性。在管理上，各级领导要有平等意识，任何时候都不要心虚，要多给学生参与的机会，以帮助学生培养自我管理能力和自主意识。总之，在高校中，要努力营造与学生社会地位相适应的环境机制，抓紧培养和落实学生的社会责任感，使他们真正主动实现历史使命，培养创新素质，这样，我们的国家就一定有大希望，我们的人民就一定有远大抱负。

坚持以人文精神育人，牢固树立"先成长后成才、先教书后育人"的教育理念。在我们的高等教育中，必须纠正当前大学生中存在的"先智后德"的错误价值取向，始终以人文精神育人。要继承并践行人格理论的精髓，把瑰丽的中国文化传统努力培养和塑造成当代大学生的创新人格，特别是面对当今市场经济的一些负面影响，要做到"不降其志，不辱其身"，甚至把独立人格和尊严看得比自己的生命还重要。此外，应正确引导学生培养宽广的胸怀和历史责任感，使他们认识到"以天下为己任""天下兴亡，匹夫有责"这一责任。我们将把个人创新与国家创新和民族的伟大复兴紧密联系起来，使他们最终成为我国社会主义社会的建设者和接班人。另外，不断优化学生的人格，培养和造就具有创新素质的人才，以适应我国社会主义全面发展的需要。至于内部因素，则是为了探究学生的自我意识和主体意识。的确，只有这样才能挖掘学生内在的各种潜能，从事创造性活动，有意识地引导学科发展向高质量的创新发展。从外部因素的角度来看，是在大学生中建立楷模。从某种意义上说，教师的人格是学生的一面镜子，教师应该成为学生的榜样，这对提高学生的创新人格会起到潜移默化的作用。最后，注重对大学生进行情感教育。教师要善于利用需要原则、期望理论、价值目标和激励手段，通过情感教育，帮助学生塑造创新人格，引导和启发学生发现和完善自我。同时，学校应加强心理健康教育、咨询与辅导，以利于学生良好心理品质的养成。

现阶段，只要是中国特色社会主义建设新时期的大学生，就应该以加快我国社会主义建设为出发点，以推进人类进步事业为目标，以对国家和人民做出更大贡献为己任，充分体现当代大学生强烈的创业意识和责任意识，这与院校创新教育活动是分不开的。创新，尤其是科技创新，是一条艰难而漫长的道路，需要付出艰辛的努力，甚至牺牲宝贵的生命，才能到达科学的辉煌殿堂。正如萨谬尔森所说："科学是通过一次又一次的葬礼而前进的。"命运从不偏袒，每个人都能找到自己的人生道路，在这个意义上，每个人都能成为天才，每个人都有自己的"金苹果"。然而，一切都取决于是否付出努力，"汗水"是生命最肥沃的土壤。因此，大学生必须具备创新、坚韧、奉献的品质，在头脑中建立起这一强大的精神支柱，推动自己在奋斗、创新、发明的道路上不断前进，并时刻鼓励自己向着人生最宝贵的目标前进。

## （二）强化问题意识，鼓励大胆质疑，激发进取精神

第一，应在教师和学生之间建立一种新的关系，鼓励学生敢于提出问题。教师和学生之间良好的、积极的关系不仅直接有助于学生的学习和个人发展，而且也间接有助于创新素质的形成。心理学研究表明，学生的生活环境和经历对他们的认知、情感和终身发展有着重要影响。良好的师生关系是减少学生心理压力的重要保证。教师和学生之间的关系应该是和谐、民主和平等的，在这种关系中，学生受到平等对待，他们的独立人格得到尊重，他们真正感到心理安全和心理独立，他们的学习动机得到充分培养。只有这样，学生才能表现出寻根问底的倾向，勇敢地提出问题，乐于与他人讨论他们发现的问题，并敢于质疑其他意见，即使这些意见是专制的。在今天的大学教育中，师生关系仍然是事实上的不平等。学生们仍然觉得老师在上、他们在下，平等交流是不可能的。因此，在教学过程中，要鼓励学生大胆质疑、提问，鼓励学生求新求异形成一种自由探索的气氛。教师在课堂上，不要把自己认为重要的问题都告诉学生，启发他们逐步提出有水平的问题。在新型的师生关系中，教师应该以"亦师亦友"的形象出发，以积极鼓励、平等宽容的态度，抱着"教学相长"的目的教学。让每一个学生在积极向上、愉悦、轻松、和睦、融洽的课堂气氛中，和教师站在同一个方向，共同去发现问题、思考问题，通过心灵的撞击，激发处于先天与后天边缘的"人的潜力"，不断新生和成长。

第二，要培养对问题的敏感性。发现问题就是从外界众多的信息源中发现自己所需要的、有价值的问题。面对同样的事物、同样的信息源，有的人能够发现问题，有的人则熟视无睹。这种差异与人们对问题的感受性不同有关。感受性强的比较容易发现问题，感受性弱的则不容易发现问题。要在以创新为核心的知识经济时代更好地生存与发展，就必须学会发现问题，提高自己对问题的感受性。一是要培养良好的问题意识。问题意识是一种强烈而明显的解决问题的意念，是相对持续和稳定的心境。这种心境能够保持心理活动的持续，最后实现突破，完成创新。一般说来，在事业上有所创新的人，并非都是脑子特别灵的人，绝大多数都是因为他们有良好的问题意识，能够发现问题并解决问题。二是要培养思考问题的灵活性。就是要善于从多角度去认识问题，去认识事物。若是一个人的思维是陈旧的、孤独的、枯燥的，而且在思考问题时往往是刻板的，有很多条条框框，就不可能有创新。最后，我们需要培养一个科学的大脑、一个勤于思考的习惯。人们常说"流水不腐，户枢不蠹"，科学用脑、勤于思考的习惯与创新动力的增强相辅相成，时刻准备用脑子好好观察事物、勤于思考问题的人，大脑往往处于活跃状态，其创新动力能在自觉活动中不断增强。在平时积累知识和经验的基础上，形成一个新的想法，促使人们深入研究这个问题。事实证明，对问题的敏锐感知可以帮助培养创新精神。

总的来说，必须培养勇于质疑的精神。勇于提问是指质疑和提出新的想法来解决问题。这是在创新事业成功道路上的一个突破口。要成为一个创新者，就不应该迷信，就不应该害怕权威和名人，就应该敢于质疑旧的观点和学说，就应该敢于质疑公认的观点，就应该懂得换位思考，反之亦然，这些都是创新者必须具备的素质。大学生的优势是知识水平高，喜欢动脑筋，爱问问题，有强烈的好奇心。如果教师能在教学和研究中传达大胆质疑、避免轻信的精神，就能不断加强学生的创新思维能力。当然，提出的问题、询问的问题和发现的疑点并不总是正确的。但是提出的问题越多，产生的想法就越多。因为提出新问题并从新的角度看待老问题并不是每个人都能做到的，它需要创造性的想象力。学生们需要关注这一领域的实践，培养那种大胆实验和大胆提问的精神，并沉浸在寻求创新突破的过程中。

## （三）塑造健全人格，培养敢于面对成功与失败的精神

第一，培养坚强的意志。学生的创造力是实际上具有"风险"的行为，而这一"风险"源于学生的"冒险精神"，做一些以前没有做过或别人没有做过的事情，勇于创新，拒绝现状。任何承担风险的行为都必须有强大的意志支持。大学生创新学习是艰苦的脑力劳动，经常面临各种挑战，要克服这些挑战，将发挥极其重要的作用。坚持不懈地努力可以杜绝畏难的现象，也可以调节学生自身的行为和心理状态。只有当一个人具有自我控制的天赋时，他才能使自己摆脱与自己无关的外部欲望和各种因素的干扰，并使自己的精力和才能集中于既定的目标。自信和意志力是创新的重要心理基础。自信和意志力强的时候，创新精神也强，反之亦然。缺乏自信和意志薄弱是创新的主要敌人。

第二，打破对创新的恐惧。为什么学生对创新感到畏惧？一个原因是创新的坐标定得很高，他们认为只有科学家才能创新，而能成为科学家的只是少数，他们自己不能成为科学家，所以谈不上创新。事实上，有不同形式的创新：科学研究的基本成果是创新，知识的重新组合、新问题和不同角度的新想法、小手工、小发明等也是创新。引导学生理解创新的内涵，是打破恐惧感、增强信心的一种方式。另一个原因是，有些学生怀疑自己的创造力。可以说，所有正常人都有创新的潜力，只是有大有小。我们可以看到，引导学生清楚地了解自己的能力是打破恐惧和增加信心的另一个重要途径。

同样，引导学生的好奇心和培养正确的兴趣很重要。兴趣是一个起点，反映了一个人的特殊需要，是参与创新活动的动力。兴趣可以促使人们专注于他们所从事的创新活动，甚至导致他们坚持不懈地专注于某项工作，并为之奉献一生。好奇心可以激发一个人的求知欲，强烈的好奇心和求知欲可以使学生独立思考，仔细观察，从日常现象中发现新的问题，以此才能够打破传统观念的枷锁，引导他们进行原创和创新。充满兴趣和好奇心的

人，对未知的问题和领域不会无动于衷，而总是有强烈的尝试欲望。牛顿看到一个成熟的苹果落到了地上，而不是飘浮在空中，他对此非常感兴趣，并建立了他著名的万有引力学说。创造性的智慧和魅力是密不可分的；创造性的过程引起了无尽的兴趣，而兴趣反过来又激发了创造。要使学生的兴趣和爱好成为创新质量的内容之一，就必须做到以下几点：首先，引导学生自己对创新过程产生兴趣，引导他们通过认识、学习和研究，对创新过程中发现的秘密产生兴趣，通过既定的目标，收获创新成果的满足感，而后加深对探索与创新的兴趣，激发他们对创新的新渴望，因此，大学生的兴趣应该集中在专业延伸发展的知识范围内。广泛的兴趣可以引导学生接触各种事物，通过观察、研究和思考获得深入的知识，打开他们的思维，丰富他们的想象力，以此才能够使他们的智力得到多方面的发展。这是成功创新和收获各种创新成果的先决条件。最后，引导大学生对自己感兴趣的事物产生相对稳定的情感，能对其保持长时间的注意力。引导学生树立事业心和对远大理想的执着追求，使他们对创新活动的兴趣转化为积极的行动，乐于参加与之相关的各种活动，增加克服困难的勇气和力量。

总的来说，要不断激励学生的奋斗精神和坚韧不拔的精神，引导学习者适当自主处理困难和挫折。在人生的道路上遇到困难和挫折是正常的，而在创新的道路上遇到的困难和挫折可能更多一些，关键是要以正确的方式看待问题。有的人不敢走，有的人任其发展，有的人被其压得喘不过气来，但也有的人化压力为动力，把困难、挫折甚至失败作为成功的起点，想办法克服。创新需要勇气、勤奋和毅力。那些向挑战屈服的人是弱者；那些找到克服挑战的方法的人是强者。创新不仅需要亲力亲为的心态，还需要有克服挑战和挫折的勇气和毅力。明知山有虎，偏向虎山行，是勇气、自信和冒险精神的证明。引导学习者以正确的方式克服困难和挫折是建立自信心和意志力的重要途径。研究和创新的成果往往是辉煌的，但研究者必须付出大量的努力，克服许多困难和挫折，等待社会的理解，寻求社会的支持。事实上，许多支持往往是功利性的；人们往往只支持那些符合他们的价值观、他们能够理解、他们认为重要的事情。谈到创新和研究，创新者和研究人员往往没有得到社会的及时认可、理解和支持。因此，一个初出茅庐的创新者必须具有坚韧不拔的精神，期待社会的理解和支持，容忍社会的误解和冷漠，只有将伟大的人文精神与高尚的道德感、创新精神和科学基础相结合，才能造就这个时代的优秀人才。

### （四）优化知识结构，培养社会适应型人才

#### 1. 注重基础知识的传授和基本技能的培养

创新不是凭空而来的，它是基于知识的转移、转化和应用。高等教育必须为学生提供

广泛的基础知识，培养他们获取新知识的能力。学生的知识越丰富，形成广泛思想的可能性就越大。这就要求我们不仅要教给学生专业知识，还要教给学生相关的知识，努力拓展学生的基础知识，引导学生进行比较思考，开辟思维，创新延伸。另外，我们必须注意将理论与课堂实践联系起来，教给学生分析和解决问题的方法和思路。对于学生来说，很多知识必须通过自学来解决。不掌握科学的教学方法，不加强技能的培养和提高，不仅将来难以成为具有创新素质的有用人才，而且在大学阶段也难以完成学术任务。

### 2. 拓宽专业，构建创新的知识结构

当今世界，不仅知识总量空前增加，而且知识积累的速度也在加快，知识的淘汰周期越来越短，等到他们毕业时，所学的知识可能已经被淘汰了。物理学家杨振宁和李政道曾多次指出，知识的狭隘性是我们年轻人的一大劣势。万丈高楼要从第一块石头开始，而一棵树只有根深才能叶茂。要真正培养具有创新素质的人才，学生必须具备广泛而深入的知识。另外，他们需要全面地参与到知识的各个方面。因此，当学生在校园内学习时，他们可以阅读更多不同的书籍，他们的思维会更加活跃。拓宽视野，优化课程结构，加大选修课的比例，增加学生自主学习的空间，使学生既能获得宽广的专业基础知识和深厚的科学文化知识，又能获得某方面的专业知识，形成合理的知识结构。这有助于拓宽学生的视野和思路，为培养创新素质打下坚实基础。

### 3. 更新学习内容

如今，学生面临着知识的无尽增长和学校教育的有限时间之间的矛盾。为了让大学生在有限的时间内掌握这些科学文化知识，培养创新人才，学会寻求新知识的科学方法，必须做好教学内容的选择，及时更新陈旧、呆板、与现代科学文化发展不相适应的课程内容。在丰富和加强基础理论知识的基础上，拓展专业态度，加强学科之间的联系，文理交融，相互渗透，拓展学生的知识视野。为此，应考虑大学和中学之间的衔接问题。伴随科学技术的发展和生产力的提高，中学教育的内容在不断深化，质量在不断提高，学生的能力在不断增强。在此基础上，第一，高等教育的内容应提高起点，取消中学教育的重复内容，选择与高等教育学生智力发展相适应的教育内容，强调高等教育的特点，重视和加强高等教育学生的教育质量，特别是创新活动的质量。第二要改革各门课程相互封闭的局面，精选教学内容，摒弃陈旧、繁重、重复的部分，增加反映现代科学技术新成果、新思想、新发展的学科限定性内容，让学生及时吸收最新的科学文化知识，为学生的创造性学习开拓新思路。第三，应调整课程设置，减少必修课的数量，增加选修课的数量，以鼓励学生充分发挥其创造能力。开设跨学科、边缘性、综合性课程，满足当前各学科交叉、渗透的需要，为学生构建合理的知识结构，为今后的学习和创作打下良好基础。第四，要重

视知识重组。知识重组是将原来几个学科的知识结合起来，合成一个综合知识，或者将知识分成几个部分，然后将这些部分以新的形式重新组合，成为具有新特点、新功能、新内容的知识。知识的重组是一种全球性的能力，而这种组合的独特性和新颖性是创新的特征。

### （五）开展创新实践，培养学生的动手操作能力

实践活动，尤其创新实践活动，是能够有效学生培养创新思维和技能、实现创新目标的手段和纽带。

#### 1. 让学生参与科研，加强实践教学环节

学生们是思想最活跃、最有创造力和想象力的。学校应创造一个学习环境，尽可能地鼓励学生积极参与研究活动。通过让学生参与科学研究，不仅可以加深他们现有的理论知识，提高他们的专业知识，还可以激发他们的创新精神，培养他们的创新能力，这对培养创新素质至关重要。大专院校教师担负着教学和科研的双重任务，他们有更多的科研经验，对与本专业相关的新知识、新信息更加敏感，并深有感触。这决定了教师在学生的研究活动中的主导地位。教师应主动培养学生发现问题的洞察力和深度，收集、检索和利用信息的能力，选题的能力，实验研究的能力，撰写论文的能力，团结合作的精神，以及相应的教学和科研能力。对学生科研能力的初步培养将为他们的终身学习和个人发展打下良好基础。通过实践活动，迫使学生思考、调查和解决一些具体问题，通过参加一些教师的研究项目或做一些自己感兴趣的研究任务，收集相关研究资料，参与科学讨论，以点燃创新思维的火花，获得学习的"真火"；通过接触社会，了解社会，沉浸在实践生活中，深化实践生活，开阔视野，明晰智慧，丰富知识，提高能力。另外，实践能力是指将课堂上的知识与实践相结合，及时发现自己的不足，主动进行补充和拓展，以此才能够激发学生对学习问题的兴趣和创新的欲望；增强学生创新的信心和勇气。鼓励和提高他们的观察能力、运用基本知识和原理的能力、适应能力和创新能力，使他们能够适应不断变化的市场和日新月异的技术革命，始终把握住脉搏。此外，我们要加强对第二课堂等教学形式的探索和讨论，培养学生的多元化兴趣和爱好，为发展学生的创新素质创造条件。

#### 2. 大力开展社会实践活动

学生在学校内有大量的创新实践活动，可以在所有教学过程中实施这些实践项目。此外，更重要的是鼓励和支持学生走入社会，参与社会实践。而社会实践则是为了给学生提供一个接触社会的窗口，培养他们的社会服务意识。根据教育的特点，各系和班级提供短期实践课程，旨在利用空闲时间走入社会，培养学生的实践能力。此外，为了学生的教育

和实践,学校努力支持学生的暑期社会实践,投入大量的人力、物力和财力,组织学生到省内各个实验地进行实践。通过各种丰富多彩的实习,激发了学生的创新精神、创新能力和创新素质的培养。

只有的创造力才能转化为创造能力,通过实践,学生才能实现知其然,知其所以然。首先,我们需要为学生的创新创造一个环境。学生的创新实践要有制度保障,即学校要制定相应的制度来鼓励和支持学生的创新实践。对科技成果突出的学生,可在评优评奖中给予优先考虑,制定学生科技成果奖励办法,设立学生科技创新基金,制定学生科技基金申请指南,为学生提供创新的种子资金。学生的创新实践需要得到教师的指导。学校应鼓励教师引导学生开展课外科技活动,并将此作为教师评价和晋升的重要指标。学校应鼓励教师将学生的活动引向课外科技活动,并将此作为教师评价和晋升的重要指标。学生的创新实践也需要适当的书籍和材料、实验设备等。学校实验室应尽可能向学生开放,学生应能方便地获得书籍和材料、互联网等。其次,要为学生提供一个创新实践的平台。学生的创新实践活动是学生在实践中对理论知识的创造性应用,因此应给予支持,并给予适当的形式。要定期举办科技文化节,特别是要在校园文化活动中强调科技创新的重要性;要建立发明家协会和学生科技协会,充分发挥这些科技协会的作用,多开展科技创新活动。要建立校内外学生创新基地,可以依托校外企业或校内实验室建立创新基地,组织学生利用这些基地进行创新创业实践,以这些活动为平台,推动学生的创新实践。

**3. 大学生本人要树立实践成才观**

树立实践学习观,争取在实践中更多地接触社会,了解国情,培养为社会服务、为人民服务的意识,增强社会责任感和使命感,树立正确的世界观、人生观和价值观;争取在实践中将社会工作与校园学习生活结合起来,把所学知识应用到实际中去,在实践中提高解决实际问题的能力,提高全面素质;争取在实践中了解生产经营中的实际情况,了解改革开放和经济全球化发展中社会需求的人才标准,从而进行自觉学习、创新学习,使自身成长为思想道德素质、科学文化素质、健康素质协调发展的社会主义和谐社会的合格建设者。

大学应致力于培养学生的创新素质。为了促进学生创新素质文化,我们应该从不同的角度和条件出发,探索学生创新素质的途径。外部条件是优化教育环境,探索教育教学改革的有效途径,培养具有创新素质的教师,加强学生文化建设;内部条件是加强思想政治教育,提高问题意识,培养健康的人格,优化知识结构。

现阶段,大学生的历史使命是把我国建设成为一个富裕、强大、民主、文明的现代社会主义国家,这是一项光荣而艰巨的使命。实现这一使命不仅取决于学生自己的努力,而且取决于我们的大学利用创新的思想、内容、方式和方法来培养具有创新素质的新人才的能力。

世界形势正在变化，国际竞争日益激烈。竞争的本质是经济力量的竞争，关键是科学技术的竞争，最终是具有创新素质的人才的竞争。除了向学生传授知识和技能以外，大学还应更加注重培养具有创新素质的新人才，因为这是时代赋予大学的历史使命。

培养学生创新素质不仅是一个系统化的教育项目，其中包括教育意识和学习思想等方面的概念，创新评价机制、民主和放松的环境、管理服务意识和教师的创新素质情况，还和大学生自身的社会责任意识、问题意识、创新人格、知识结构、实践能力等密切相关。

培育高校学生创新素质，需要改善现代高校学生创新素质文化的外部教育环境，营造有利于创新人才成长的社会和学校环境，积极寻求教育和教学改革的有效途径，培养具有创新素质的教师队伍，进一步加强学生文化建设。还必须创造内部条件，以提高现代学生的创新质量，加强学生的意识形态和政治教育，提高他们的社会责任感；提高问题意识，激发大胆的创新和创业精神；培养坚强的创新人格，培养面对成功和失败的勇气；优化知识结构，培养具有社会适应性的人才；在实践中积极创新。积极开展创新实践活动，提高学生的实践技能。以此为基础，学生才能在广阔的平台上得以成长。

# 第五章 创新教育的体系建设

## 第一节 创新教育的模式及改进

### 一、KAQ人才培养模式

模式即某种事物的标准形式，或是人可以照着做的标准样式。它把解决某类问题的方法总结归纳到理论高度，帮助人们找到解决问题的最佳办法。

教育模式的创新，是创新人才培养的先决条件。明确创新教育观及其基本特征，学习发达国家的先进经验，推进教育观念的创新，实施KAQ人才培养模式，建设创新教育生态环境，构建创新人才培养体系。

所谓KAQ人才培养模式，是指知识（Knowledge）、能力（Ability）、素质（Quality）三者并重的人才培养模式，显然，重点是培养高素质的创新人才。

在KAQ人才培养模式中，三个要素（知识、能力、素质）并不是彼此孤立的，它们相辅相成、紧密联系，从不同的角度、不同的层面对人才的全面发展起到作用。知识是基础，能力是建立在知识的基础上的。素质包含着知识和能力，它是知识和能力共同作用的结果，又是知识和能力有效发展的前提。

还有一点需要注意，那就是环境，包括教育环境、社会环境等。从系统工程的理论可知，相对于系统本身，环境是一个更高级、更复杂的系统。各种环境因素对于学生的知识、能力、素质，都会产生不容小觑的影响。

要培养创新人才，就要坚持知识、能力和素质这三个要素的辩证统一。在现今的知识经济时代，社会对于人才的要求也在不断发生着深刻的变化，注重知识、能力、素质的协调发展，培养"专""博"结合的通才，需要教育界做出更多、更大的努力。

构建KAQ人才培养模式，需要完善课程教学体系，实现通才教育与专才教育的结合、科学教育与人文教育的结合、理论教学与实践锻炼的结合，只有这样，才能促进学生知识、能力、素质的全面、协调发展。

## 二、推进教育观念创新

教育是一种创新,始于教育系统的创新。

长期以来,学校的教育是用一种统一的模式去塑造学生,其结果是,培养出来的学生千人一面,缺乏内在的精神和自主的劲头,不善于独立思考,易盲从、随大流,欠缺创新精神和个性品质。这样的人,是无法面对激烈的人才竞争的。

随着社会的发展和教育的改革,教师们的教育观念开始发生根本性的改变,教师已不再是知识垄断者,学生借助各种现代化媒体,完全可以自学成才。教师的职责发生了根本性的变化,不再是真理的化身,而是一位启发者、一位协助者、一位引发思考而不是直接给出结论的人。树立现代的教育观、质量观、学生观和人才观,是对教育界每一位同人的要求。

下面分别从"教育本质""教育目标""教育使命""教育组织形式",以及"教育功能"等方面来讨论教育观念的创新。

### (一)教育本质的演进

传统观念中常把人的智力开发作为最重要的任务,存在重智轻德的现象。而从现代的观点来看,德育是最根本的东西。育人为本,德育为先。教育最根本的任务是让学生学会做人,这是立身之本。如果忽视这一点,那我们培养出来的就是有智商无智慧、有知识无文化、有文化无修养、有欲望无理想、有目标无信仰的人。这会是教育的悲哀。

知识就是力量,而力量也有正负之分。如果知识被一些"高知坏人"用歪了,就会变成邪恶的力量——并且是"知识"越多,祸害越大。拒做"高知坏人",需要"高知人"洁身自好、严于律己,也需要机制给力、制度保障,要让每个"高知人"身上都流淌道德的血液,成为造福社会的精英。

### (二)教育目标的提升

现代教育的终极目标是促进人的全面发展。这一目标最终是要落实于人的个体发展上。作为具体、现实存在的人,个体发展没有统一模式。如果社会的人具有共性而没有个性,社会就很难有生气和发展。使每个人的个性充分发展、潜能充分发挥,积极性充分调动,这是教育的责任和目标,也是教育人本价值的体现。从这个意义上讲,教育是引导不是左右,是影响不是支配,是感染不是教训,是解放不是控制。好的教育就是要发掘学生的天赋,发展学生的强势智慧,培养学生的创造个性。

## （三）教育使命的升华

现代教育的使命不是单纯地传授知识，而是培养人（受教育者）的可持续发展能力。"知识就是力量"的观点受到一定程度的质疑，是因为现代化的教育既要给人以知识，更要给人以能力。教育赋予学生的东西实际上可以分为三个层次：基础层次——知识；中间层次——方法；最高层次——视野。知识多固然是好事，但也有可能在一定程度上禁锢了思维的发散。知识只有经过内化成为自身的能力，才能真正具有"力量"。教育的使命就是要让学生学会学习，掌握更多更有用的知识，具备更好的发展能力。

## （四）教育组织形式的改变

传统教育主要以课堂学习和知识转移为基础。现代教育的组织形式旨在建立一种跨学科的结构，其主题被认为是知识的进步，是学习兴趣的关键。在汉语中，学习被称为研究学问，这个词在这里很有用。研究是指实践；学是阅读、是记忆；问是协商和讨论。

传统教育存在的问题是，认为学生怕提问题，是因为他们不习惯提问题，因为他们不知道怎样问问题。但西方教育的重点是激发学生提出问题。学生可以向老师提出问题越多，课堂就越成功，因为提出问题的学生既富有创造力，又能思考问题。好的问题比好的答案更有价值创意。现代教育的组织形式就是要给人以足够的创意空间，给他们发表意见的机会，提问题，撞观点，才能产生创新灵感的火花。要培养学生的问题意识和提出问题的能力与习惯，实施研究式、参与式教学，强调知识的发现发展与教学的统一，鼓励学生主动参与，积极思考，大胆质疑，让他们成为有头脑、善思考的智慧人。

## （五）教育功能的扩展

教育，特别是高等教育，一直把培训创新人才视为主要任务。但它的现代设计太片面了，显得非常狭隘，高等教育有三个主要职能：创新人才培训、科研项目和社会服务。社会服务已经成为大学的首要功能，也是现代社会对高等教育的要求。作为人才培养与输送的主要源头，大学必须发挥重要作用，教育和培训的创新是教学工作核心，能够于国家发展中扮演关键角色，实现重要国家战略。在科研项目上也能发挥核心作用，也在研发过程中起到决定性作用。大学必须明确自己的教育目的：汇集资源、共同合作、应对挑战，并提供人才和技术支持以帮助创新型国家的发展。

# 三、创新教育观及其基本特征

创造性教育是把人们的创造性思维和能力作为教育的主要价值取向。创新教育的理念是培养创新人才的工作核心。为此，所有关于创新的教育活动都有助于培养学生的创新精神，提高他们的创新能力。

### （一）人本教育观

创新教育观是人本教育观。人本教育观要求以人为本、以学生为本，促进学生的全面自由发展，使学生的自立、自主、自强和创新精神不断提高。人本主义将人看作是教育的本真和最高价值，教育是为了人的尊严、自由、价值、生命，以及人性的升华。创新教育观强调对于学生创新意识、创新精神、创新能力的培养，重视学生的创新人格。

### （二）个性教育观

创新教育观是个性教育观。学生是具有差异性的个体，在智慧类型、学习速度、个性特征等方面有着不同的表现。个性教育观要求尊重学生的个性，因材施教，给学生最需要、最有效的帮助。创新教育观重视学生的特殊兴趣和爱好，突出学生的个性和特长，支持学生的标新立异，培养具有创造性、有独特见解、有开拓能力的创新人才。

### （三）素质教育观

创新教育观是素质教育观。素质教育是以提高学生全面素质为目的的教育活动，使学生得到全面发展。它是创新教育的基础。教育者和教育机构应面向全体学生，全面提高学生的基本素质，着重培养学生的创新精神和创新能力，这是素质教育的最高体现。

## 四、建设创新教育的生态环境

生态学是一门研究生物及环境间的联系的科学，它也是一种科学的思维方式。生态系统把所有生物，包括人跟环境的关系，称为一种环境关系。环境关系反映了生态系统的结构及规律。从环境角度研究建立和谐教育的主题可给我们提供新的观点、想法和方法，这对教育改革和发展都是极具教育意义的。

在经济和社会共同的发展阶段，教育事业迈入了一个新的转型阶段，在各级开放多元社会的历史背景下，重新确定、重组国家教育体系和模式。

教育也是生态进程的一个环节。教育生态是多元生态体制，扮演的角色是控制和监管生产、存在和发展的教育工作，包括自然环境、社会环境、监管环境和生理精神环境，它们是相互衔接和交叉的，整体来看是一个综合和复杂的环境组成部分。

教育的生态（生态学）及其环境，通过研究教育与其融合的关系和机制，以了解教育分配的模式、教育体制的组成以及教育对其产生的各种影响。

教育生态系统必须受四项基本法则管辖：生态过程法则、教育与道德融合法则、生态链法则以及目的性法则。

第一条法则（生态过程法则）就是要遵循教育系统生态过程的基本规律，保持系统的整体性、层次性、相关性、目的性和对环境的适应性，使各种生态因素得到很好的协调，形成一个健康的生态系统，使学校的绩效和教育功能得到提高。第二条法则（教育与道德融合法则）是将教育与道德结合起来，合理利用教育资源，促进教育系统的健康成长和繁荣。第三条法则（生态链法则）意味着，与自然界的食物链相似而不相同的地方在于，教育生态链不仅具有基于能量流传递摄取的关系，更体现了知识流的复集关系。第四条法则（目的法则）指出，教育系统应通过反馈、自我组织和自我调节来适应环境，以便在系统目的指导的反馈信息基础上发现环境的缺陷，并通过自我调节达到预期目标。生态和谐的教育理念是强调系统的统一性、平衡性、协调性和整体性，寻求教育内部与外部、主体与客体之间的相互依存、相互作用的关系（可以表现为适应与发展、平衡与不平衡、共生与竞争的关系），提供一种和谐、自然、开放、创新的教育模式。

教育生态观的内涵包括：构建和谐的学术生态环境、提前提高教育意识、完善内部教育体系、注重优质人才培养、关注学生个体发展等都是创新人才培养和注重教育创新的关键点。环境教育中环境的营造是创新人才培养和教育可持续发展的重要保障。可持续教育的发展是生态文明社会的瓶颈。为了使整个社会环境和教育本身形成良性循环和健康发展，我们需要建立和完善教育的生态系统，实施可持续发展战略。教育生态系统是最适合人才成长的环境。按照生态教育的理念，为创新教育创造良好的生态环境，可以更好地实现培养创新人才的目标。

## 第二节　创新人才培养体系建设

人才是首要资源。只有把人才优势转化为竞争优势，培养一大批具有开拓精神和创新能力的创新型人才，才能在国际经济和科技竞争中立于不败之地。从这个意义上说，建立一个创新的人才发展体系是非常重要的。

建立创新型人才培养体系必须从几个方面入手。首先，要重视学生创新人格的形成，明确其健康成长的方向。应将全面的优质教育放在重要位置。要建立促进创新人才成长的校园（生态）文化，从创新实训、课程体系、课程与教学改革、科研探索与开发、创新平台建设等方面全面推进教育改革，让创新人才、一流人才学有所成。另外，建立校企合作培养应用型人才的机制，改革高考和成绩评价体系，完善教育督导制度，培养创新型教师队伍，加强对创新型人才培养的领导和管理，综合开发教育资源，也是构建创新型人才培养体系的重要内容。

创新人才培养体系的框架如图 5-1 所示。

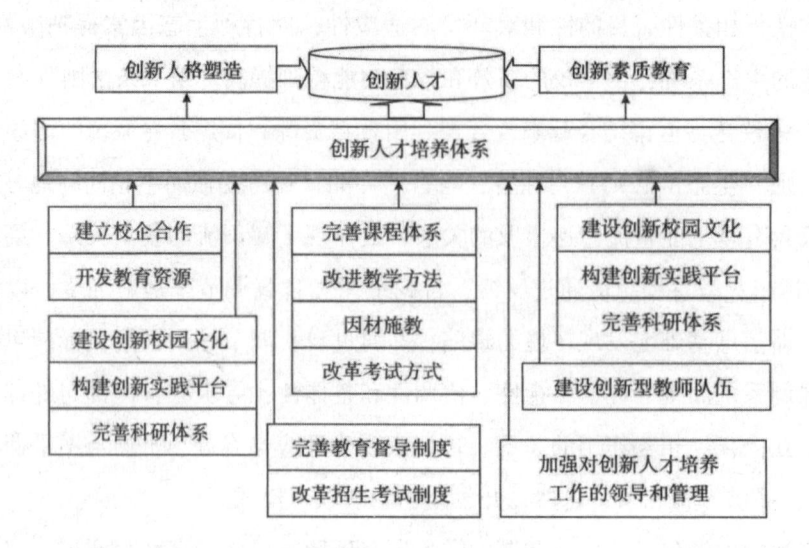

图 5-1　创新人才培养体系的框架

如图 5-1 所示，创新人才的培养需要一个强大的系统来支持。可以从以上几个方面进行体系建设，充分实现个体创新教育和创新教育质量的提升，为国家（乃至世界）培养更多的创新人才。

## 第三节　创新人才培养中的人文素质教育

人文素质教育（Humanistic Quality education）是形成创新人才的一个重要因素。

优质的人文教育是通过卓越的人文文化实现的。在当今先进的科学技术环境中，通过优越的人文文化来丰富学生的思想，培养他们的感官，是非常必要和重要的。

以自然个体为对象来讨论，科技创新能力是指人的特殊心理素质，是一种特殊的综合能力。主要包括五个方面的内容，即科技创新意识、科技创新思维、科技创新人格、科技创新知识和科技创新技能。它具有系统性、主观能动性和可塑性等特点。

科技创新能力的提高不仅取决于丰富、扎实的自然科学知识，还需要一个完善的知识体系，包括社会知识和人文知识在内。换言之，科技创新人才需要具备较高的人文素质。

人文素质是指一个人要想发展得好，必须具备的基本性格和内在品质，也就是说，在人文方面是最重要的品质。

人文教育可以鼓励主体在科技创新中表现出坚韧和勇敢，不惧怕困难。优质人文教育的全部内容都直接或间接关系到学生的科技创新能力。这是提高学生科技创新能力的重要方法，也是激发学生科技创新意识的重要动力。只有通过高层次的人文教育，我们才能逐步获得健康美好的人格，不断成长进步。

虽然当前的高等教育已经开始重视提高学生的综合素质，但在上述四类高等教育中，过分强调专业技能、忽视人文素质教育的现象仍然普遍存在，特别是对理工科学生来说，专业技能单一化的倾向更为显著。

事实上，如果我们培养的学生只具备一定的专业素质，而欠缺应有的人文素质，那就只能成为所谓"机器人""工具人""单面人""纸片人"，这不是我们的教育所追求的目标。

要成为人才，首先必须健康成长。

科学和创新能力的提高不能仅靠个别主体的专业能力来满足，他们必须尽可能地扩大自己的知识面。为此，人文教育是形成创新人才的有效途径。

## 一、人文素质教育的主要内容

科学创新人才需要的技能包括独立分析和解决问题的能力，以及丰富的知识和经验、高尚的道德品质，另外还要有良好的语言能力。

作为一个社会成员，在学习、交流和工作中，如果不能正确运用语言来表达自己的思想，也就很难理解别人，吸收新的知识，思想的发展也会受到很大限制。在这四个方面中，后三个方面必须由人文教育来实施。

实施人文素质教育，通过营造促进科技创新的人文环境，制定相对整体、系统的教育内容体系，将教学与实训相结合，可以有效提高大学生的科技创新能力。在高校人文素质教育中，与学生科技创新能力直接相关的内容主要包括以下五个方面：①科学世界观教育；②优良传统教育；③道德品质教育；④心理素养培养；⑤文化知识教育。

## 二、人文素质教育的实施途径

对于高校来说，加强大学生的人文素质教育可以从以下几个方面入手。第一，树立现代人才观，加强人文建设；第二，将人文精神渗透到专业课教学中；第三，建设一支高素质的教师、管理人员和职工队伍；第四，加强校园文化建设，营造良好的人文氛围；第五，完善评价体系，建设人文活动站。

关于上述五个方面的第二点，值得强调的是，在许多人的通常思维中，他们认为人文素质教育是人文课程教师的任务，但事实并非如此。

一般情况下，专业课的教学往往占据了学生总教学时间的大部分，作为学生学习的"饭碗"，学生对它的重视程度更高。如果教师能够正确地渗透和传达通识教育的精神，就可以达到事半功倍的效果。其效果是多方面的：首先，教师的言传身教会对学生产生潜移默化的影响和作用；其次，学生通过学习专业课程，可以学到思维方法；最后，每一门学科都与社会和人类发展有着密切的联系，在课堂上加深学生对这种联系的理解，可以帮助他们培养强烈的社会责任感。

我们常说的正能量转移，就是这个道理。

## 三、科技创新活动与人文素质的提高

人文教育是丰富学生的科研、技术和创新知识的重要手段。无论是小学，还是高校，都要重视人文教育，利用各种手段保证实施效果，形成具有自身特色的人文环境，在潜移默化中培养学生的创新精神，提高学生的科技创新能力。

实施人文教育，不能仅仅停留在教育的形式上，还需要进行相关的改革或变革，例如，加强行为训练，重视实践环节，保持学术自由，提倡新颖性和创造性。另外，必须通过系统的规划和有效的实践，巩固和加强道德、法律、心理、美学乃至世界观等方面的知识内容。

## 四、提高教育者的人文素质

不言而喻，教师本身的人文构成会对学生的发展产生重大影响。只有品德高尚的教师才能在学生中产生高尚的道德情感。

二战后，一位纳粹集中营的幸存者成为美国的一名校长。每当有新老师来到学校，校长都会给他一封信，上面写着：

亲爱的老师：

我从集中营中幸存下来，亲眼目睹了任何人都不应该看到的悲剧。毒气室由训练有素的工程师建造；妇女由训练有素的医生毒死；儿童由训练有素的护士杀死。

所以我想知道教育的意义。

我对你们只有一个要求：回到教育的根源，帮助学生成为人；你们的努力不应该塑造出受教育的怪物、多面性的变态者或受教育的屠夫。

我一直认为，只有在孩子具有人性的情况下，使其阅读、书写和计算才有价值。

吉诺特校长

教育者必须有高度的人性，一定要清楚认识到"榜样的力量是无穷的"这句话的含义。

## 五、校园文化与人文氛围的建设

可以肯定的是,校园环境的人文氛围对大学生的潜移默化的作用是强大的。加强校园文化建设,是实现高校人文素质教育引导和文化启迪的主要形式。作为一种以校园为主要空间,以学生为主体,涵盖院校领导、教职工在内,以校园精神为主要特征的群体文化,校园文化既包括校内的文化设施、文化组织、文化管理制度,也包括一所高校内全体师生员工所具有的共同的文化心态和文化生活方式,也是学校校风、学风和教风的外在表现。大学生特有的思想观念、心理素质、价值取向和思维方式等是校园文化的核心。

校园文化,本质上就是一种人文环境和文化氛围,也是一种精神,会对学生的人生观、世界观和价值观产生深远的影响,使得大学的校园更富有生机和活力。

通过校园文化的建设来提升学校的文化品位,提高学生的人文素质,可采取多条有效的途径,如:主办人文社会科学讲座,开展格调高雅、内容丰富的校园文化活动,鼓励学生建立或参加一些人文社团,加强校园自然景观和人文景观的建设,弘扬大学精神和理念,使大学生受到良好的启迪和熏陶。

# 第六章 创新教育的实践与反思

我国提倡在教育和研究领域发掘创新思想有较长的历史。

为此教育活动中的相关主体在自身的职责范围内做出了一定贡献。

本章叙述的主要内容可以概括为两部分：一是对我国近几年在教育方面开展的各项创新实验进行总结，解析推进创新理念过程中的有效举措和错误行为。二是要针对如何加强教育领域的创新覆盖度进行讨论，从更多方面思考完善教育制度改进，要注意不能对其他历史阶段的教育模式采取极端的剖析。

## 第一节 创新人才培养的政策与措施

在现今相关教育理念的推动下，我国高层次教育的前进方向确立为培育有创新理念的人才。而且现阶段理论知识内容对社会各方面的影响力日渐加大，因此国家相关教育部门更要及时调整各高校的教育模式，融入创新的相关理念。

这项任务很复杂，道路很漫长。从教育部和各级教育管理部门到学校和教师，都在为实现这一目标而努力。

### 一、教育部"高等学校创新能力提升计划"

教育部发布的"高等学校创新能力提升计划"提出，要转变思路，跳出原有计划，更新观念，鼓励高等学校与科研院所、企业合作，积极推进联合创新，促进资源共享，通过制度创新和政策项目实施联合项目。通过体制机制、政策和项目管理的创新，鼓励高校与科研院所和企业深入合作，积极推进联合创新，促进资源共享，共同实施大型科研项目，在重点领域取得重大成果。该计划的出发点是"国家急需、世界一流"，主要任务是加强人才、学科、科研"三位一体"的创新能力，构建科学前沿、产业、区域发展和文化传承创新的联合创新模式，提升高等院校的创新能力，释放各类创新要素的活力，促进合理流动和充分共享，落实创新的基本原则。

该计划（高等教育创新能力提升计划）的特点如下：第一，保持教育面向更多受教育者；第二，在改进教育模式过程中要始终结合中国文化特征；第三，结合社会发展状况对教育领域的需求；第四，改变创新在学校内部的应用形式；第五，保持国家相关教育政策的指引作用。

我国教育部门提出新的教育推进政策，主要目的是要将创新的各项内容与高层次院校的专业和学习内容相结合，大幅度提升高等院校培育的人才与具体科研项目的融合程度。同时要建立国家全面支持的创新实验部门，吸纳各高校培育的有创新意识的人才，将其相关理念转化为实际科学成果，扩大国家创新实验部门的对外影响力。

## 二、教育部"卓越工程师教育培养计划"

"卓越工程师教育培养计划"旨在培育有自主创新想法和实施计划的专项人才，同时其还要符合国家目前改进经济发展状态的实际需要，为国家颁布的各类新型教育计划和转变生产制造方式的政策服务。

"卓越计划"旨在培养一批优秀的工程师，以促进中国在新时代的发展，并注重先于行业、先于世界、先于未来的基本原则。

伴随第一批 61 所高校和第二批 133 所高校被列入技能人才培养计划实施名单，实现了优秀工程师的培养，取得的成效也更加明显。参加专业发展课程的教师和学生都表现出极大的信心、热情和一定的素质。

"卓越计划"强调了培养和造就卓越工程师的三个特点：一是坚持校企结合，让企业深度参与人才培养；二是严格坚持标准，按照通用标准和行业标准培养卓越工程师；三是强调卓越工程师的意义，要注重培养技能，增强学生的工程创新能力。

目前将国家制订的这类计划具体实施后，大幅度提高了我国制造加工领域的创新覆盖度，使我国在工程制造方面与国际先进制造能力的差距缩小，加大我国在工程领域的研究深度。

## 三、创新人才培养体系架构

要培养有创新想法的优质人才，首先需要将其接受的各方面教育内容进行整合。应主要针对其基础的各方面素质进行提升，如文化和未来职业方面的素质水平等。相较于培育人才掌握素质方面的各项理论内容，还要注重培育其各方面的实践操作技能。

建立培育创新型人才的完整教育体系，要尊重教育过程中各主体的实际教育需求，使教育涉及的各方面力量在同一目标的规范下发力。同时国家推进新的包含创新意识的教育理念，确保高层次院校改进教育模式始终在正确的总体方向的规范下。各高等院校内部也需要从具体教学方式和管理手段入手进行调整，在多方共同推动下培育更多创新类人才。

## 第二节  教育创新的时间与体会

就人才培养的全部流程来看，其内部包含的具体领域内容和涉及的主体较多，教育过程中各因素和条件的改变都会使人才培育的行为发生改变。而将创新理念加入培育过程后，关注的主要要素应是总体教育理念、培育过程的具体手段、教学体系和培养质量评估体系等。

在科学发展观的指导下，学校应深刻反思自己的实际情况和所处的环境，制订合理的培训计划，提供和提高教育质量。

### 一、教学的创新

#### （一）教学理念的创新

高等教育机构被要求成为为社会培养高质量的创新人才的输送基地。因此，高等教育机构应该把创新教育作为主旋律，改变传统的学习方式，引入创新的教学方法。在讲授课本知识的同时，应培养学生的想象力、质疑能力、思维的多样性等，使他们能够超越课本，拓展视野。学生不仅要能说出学习到的是什么，还要给出具体的认知理由并找出知识结构的内在规律。

新的教育培养模式改变传统的教育课堂状态，将教育过程中的实践操作更多交由学生完成。现代社会发展状态下对创新型教育的要求是，让受教育者学会用自己的方式解决遇到的实际问题，从而可以通过这种方式掌握吸收更多知识内容。通过解析现在课堂的教育手段可以预测，未来的教育手段一定是各类科技力量不断加入，减少教师传统的讲授型教学模式。因此教师应加强自身使用各类教学设备的能力，可以在现有教育手段的基础上自行开拓新的教育方式。教师在对学生讲解创新知识内容时，也要注重对学生思想层面创新意识的引导。

以往人们对"教育"一词的解释集中于教师向学生讲解各方面的知识内容，解答学生学习过程中的疑惑。而现今阶段人们对"教育"一词的解释有了新的含义，认为教育不只是将知识传递给学生，规范学生日常的行为举止，同时教育的过程中会创造出新的问题。教育不仅仅是接受社会提供的各项设备和教育资源，还会为社会的前进发展拓展更多方向和手段，发挥教育对社会的贡献支撑作用。因此，国家和社会对教育的理念认识必须根据时代社会生产状况的变化而不断更新，更加关注从学生角度认识了解适宜他们的学习方式。

## （二）教学体系的创新

对教学过程进行创新可以从教学过程整体思路的规划、课程之间相关内容的联系和教学方法、检验方式的创新等方面考虑。

### 1. 课程体系创新的必要性

课程体系的设计要优化和创新，以促进教学目标的落实和学生知识、技能、素质的协调发展。课程体系应从创造性思维的培养、自学能力的提高、个性品质的形成、学生个性的发展、实践能力的提高等方面促进学生的发展，培养统一思维与发散思维的统一、复杂思维与发散思维的统一、抽象思维与逻辑思维的统一等。这两个要素可以提高学生的自学能力，但在提高学生的创新素质和创新能力方面还应做出更多努力。

### 2. 课程体系创新的基本思路

有必要在适当的时候对课程体系和内容进行改革。首先，创新能力来源于雄厚的基础知识和良好的素质，仅仅掌握一门知识是不够的，要加强对学生基础理论知识的培养，建立合理的课程体系。学生应该能够在不同的部门和学科接受培训，这可以促进学生的特殊兴趣，提高他们的创新热情。可以增设方法论课程，教授创新方法、智力和创新能力，讨论研究方法，这对培养学生的科学思维和创新自觉性将起到重要作用。其次，课程体系也应强调实践性学习，使其具有较强的实践性和针对性，适应人才培养和专业建设目标的需要。要组织教研室和专职教师深入社会单位贴近市场对科研人才的需求，了解专业职业所需的知识、技能、素质等要求，据此进行课程改革。

课程体系的建立与人才教育目标定位、课程资源规划、课程专业知识等密切相关，不是一个人甚至一个部门可以完成的。这需要学校领导和相关部门的支持和指导，他们必须在理解方向、规划资源和协调进展方面发挥作用。具体方案的提供和改进应该由专业学习单位和有经验的教师承担。

在重新调整课程设置时，可以将各个学科之间的边界内容增加为新的课程，同时可以根据某内容设置跨学科课程。

在调整课程设置时，不仅要关注教育对象对自身发展的实际需要，还需要考虑整个教育过程中涉及的各方面影响因素。另外，不能只调整课程体系，而始终沿用原有的教学方法。只有在新的课程体系设置完成后，随之调整变教学方法，才能真正完成新的课程体系的建设。

最近几年，在全国高校逐步推行的学分制，也对课程体系的建设提出了新的要求。该体系的优势体现在很多方面，如：

(1) 以学分代替学年

学生可以根据自己的能力和兴趣动态地制订个人学习计划，甚至随时改变学习方向。因此，课程和学术体系应该更加灵活，特别是在时间安排和课程选择方面。

(2) 增强教师的竞争意识

学生不仅可以决定参加哪个课程，还可以选择老师。学校可以把学生的数量和他们的需求与反馈作为评价教师业绩的标准，这有助于教师提高教学效率。

(3) 能够真正地实现"选我所爱，爱我所选"

更大的选择自由可以培养学生的学习热情、主动性、自主性和独立性，这有助于开发他们的潜力。

此外，学分制对教育资源的整合也有积极作用，缓解了目前贫困生的学费问题，让学生有更多的选科自由，减轻了集中就业的压力，规范了学费的缴纳。

目前高等教育学校内部大都采用学分制检验学生的学习成果，这种方式在一定程度上给予学生选择课程的自由，可以让学生根据自己未来的实际需要确定自身学习内容，也是对学生自我设计能力的锻炼。

因此在高等院校内部用学分制衡量学生学业成绩，是尊重教育对象主体自主性的充分体现，也是贯彻因材施教教育主张的有效体现，同时对目前培育有创新想法的人才有较大推动作用。

实际上，它也给大学带来了更大的压力，要求其进行改革并提高积极性。特别是在采用学分制的几所学校之间学分互认后，教学设计会带来很多困难。教学系统需要做进一步创新。

### 3. 卓越工程师课程体系的创新实践

物流工程是伴随现代社会的发展而出现的一门新的工程学科。它综合了许多先进的科学知识，涵盖了工程、控制、信息、管理、交通等许多传统的工程领域，灌注了现代系统科学思想的内涵，具有先进性、综合性、复杂性、新兴性和实用性的特点。社会对物流工程人才的需求也在不断变化。总的来说，所需人才具有以下几个方面的特点：应对知识的了解范围较广，所学专业应有较强的适应发展能力，自身应有多样化的创新想法。在物流工程类专业改进调整的过程中，开始关注结合社会对本专业的实际需要和同类型院校的改进经验，针对本校的教育文化特征重新设置人才培养的课程体系。在现阶段该专业根据学生的基础层次状况形成了三个层次的培养计划。

(1) 知识构型

教育学生成体系的机电类相关专业理论知识，同时还将与该专业涉及的其他物流方面的知识和管理内容也对学生进行讲授。在以前两方面为主要讲述内容的同时，将现代信息在物流领域的创新技术对学生进行介绍。

(2) 能力构型

强调学生实践操作方面的技能。多对学生开展实验技能的培训，如在各类机电产品设计制造的初级阶段，在在学校已有的各类实验条件下，让学生重复机电产品的配置过程，达到对学生实践操作能力的检验。学生在实际课堂中的操作能力得到教师的认可后，可以让学生与社会中的企业开展实际项目的合作，增加学生解决实际制造设计过程中各类问题的能力。

(3) 素质构型

要培养优秀的制造类工程师，需要对其各方面的综合素养进行培育。其主要包括道德和心理层面等素质内容，现阶段在各类素质中最主要培育方向应该是对创新类素质的培养。因为就工程制造技术本身来说对其进行创新，需要相关人才对工程知识方面有较广阔的掌握程度和发散性的思考方式，这些相关素质的形成都可以在高等院校期间完成。

当下的社会环境，科学技术突飞猛进，国力竞争日趋激烈。这种竞争最终归结于人才竞争。一个国家的可持续发展和竞争力越来越依赖于人才的培养。要在综合国力竞争中立于不败之地，就必须积极落实素质教育。固有的教学体系重新调整组合并不是短时间内能完成的工作，需要涉及的相关主体根据结果持续调整。同时在一部分体系调整实施过程中，要随时对其教育结果进行检验，发现过程中的错误行为及时调整改进，使最终体系的培育方向集中于对创新类人才的塑造。

## (三) 教学方法的创新

实际课堂中教学方式将会直接影响最终教育对象的学习结果。因此调整实际教学方式，不仅可以使教学效果取得巨大进步，还可以提高整体专业的人才培育质量。我国教育相关部门针对培育人才质量的问题，研究制定了新的系列教育政策，其核心思想就是调整实际教学过程中的讲解方式，以此来提高学生接受新内容时的主动性和热情度。这一举措也给实际讲解各类内容的一线教育者提出了新的问题，就是如何既能更好地让学生掌握该专业涉及的各类专业理论知识，还能使自己有研究探索其他内容的精力。经过国家对改进教育方式的倡导，将高等院校内部教师的主要教学研究方向转向了实际教学方法方面。

目前高等院校内部各专业领域的教师探索出的教学方法主要集中于发现式和探究式等几种，它们之间既有相互联系的讲述方法，也有自己的核心教育特色。

### 1. 发现式学习

发现式学习的相关概念最早由外国教育学者提出，其核心思想就是让学生主动进入相关学习内容。教师的主要任务就是在实际问题探讨过程中，引导学生顺着教师的大致思路发现新内容，用自己的方式探索如何解决最终问题。让学生在实验研究过程中主动发现各类理论内容，并不是直接由教师讲解相关的理论。这一思想认为教育培育的学生应该有自己的思考能力、思考方式。

布鲁纳通过对"发现式学习的研究"，总结出以下四个基本特点：即重视学习过程、加强直觉思维的培养、强调内在动因和加强信息提取能力的培养，并提出了学习、教学相关的四个原则。

(1) 动机原则

认为在动机类含义中，学习者内在产生的动机要比教师外在的推动力更有效果。

(2) 结构原则

主要理念是讲述给学生的学科内容，是经过教师对相关理论的总结和调整之后的部分。在最初设置各专业教科书的结构体系时就应关注：总的结构和条理性要符合学生的生理年龄特征，还要符合学科的逻辑认知顺序，便于教育对象理解感知。

(3) 序列原则

智力的发展是一个三阶段的过程：从动作性表象模式经映像性表象模式到符号性表象模式，这是发展过程中的一个编码系统，可能是学习任何学科的最佳顺序。因此，在教授新的科目和课题时，宜先使用非语言学习，然后鼓励学生使用由图表或图纸代表的再现图像，最后使用符号，即使用语言进行教学。有良好基础的学生可以在象征式水平上获得新的知识，但需要为他们提供基本的图像建立映像性表象。

(4) 反馈原则

为掌握某个课题，学生必须获得反馈，知道效果如何。布鲁纳强调，教学只是一种暂时的状态，其目的是为了鼓励学生的独立性。学生必须学会学习，并逐渐具备独立思考、质疑和自我纠正的能力。

## 2. 探究式学习

探究式学习（或称探究式学习）是指合理地选择和确定一个主题（通常来自某个学科或现实生活），在教学中提供一个探究的背景，使学生能够独立地发现和描述问题。然后参与研究、数据收集、实验、操作、信息处理、交流和信息共享等活动，以获得知识并发展独立解决问题的技能，而且这是一个积极的学习过程，促进学生主动参与。探究既是学习的过程，也是学习的目标。

的确，发现学习和探究学习既是一种激励，也是一种启发。在教学中，我们遵循这些科学有效的方法，有效地调动了学生的思维能力和分析解决问题的能力。

### 3. 案例教学法

案例教学法是一种有效的教学方法，让学生在身临其境的案例氛围中积极参与学习。如在物流基础知识教学中，利用精心挑选或开发的典型案例，将学生置于具体事件的背景中，将典型案例中的物流过程形象地呈现给学生，激发学生的兴趣，让学生分析案例，进行自主探究，可以提高学生分析和解决实际问题的能力，使学生更好地理解和内化所学知识和原理。案例强调的是普遍的代表性而不是复杂性，因此学生可以通过分析和案例研究，利用个人的经验来学习，为实践做好准备。

案例是在实践中发生的具有普遍性和代表性的典型例子，是在真实的教育和学习环境中发生的典型事件，是围绕事件发生的故事，也是对事件的描述。案例是真实的、典型的事件，用来反映问题（显性或隐性）、工作流程，事件的出现、发展和演变过程。案例应是有典型意义的，能给分析者带来一定的启示和体会。案例和故事的根本区别在于，案例可以编造，而故事不能编造和复制，它反映的是一个实际的事件，是对学习事件的真实解释与再现，不能任意编造或根据抽象概括的理论进行解释。

与传统教学方法相比，案例教学法具有以下显著特点。首先，案例教学法是一种没有单一正确答案的教学方法，但这种没有单一正确答案的特殊案例教学法使学生独立思考，而不是强迫性地记忆内容，通过对案例的分析和思考，学生分析问题和解决问题的能力肯定能得到提高。其次，在整个案例教学过程中，教师始终扮演着构建者的角色，为学生提供了一个可以充分发展的空间，学生的主体性得到了更多尊重，学生学习的积极性和主动性得到了极大的提高。

### 4. 项目教学法

基于项目的学习是一种项目（真实或模拟）形式的学习方法。学生相对独立地进行项目工作，从收集信息，到开发和设计项目，再到实施项目和评估最终结果。在这个过程中，学生要独立解决困难和问题。

基于项目的教学方法是一种典型的以学生为中心的教学方法。它强调学生的自主学习和主动参与，有效地调动了学生学习的主动性、参与性、创造性和积极性，创造了开放的学习交流，实现了师生角色的实现，有助于培养和提高学生的自学能力、分析能力、交流能力、成就能力和创新能力。它促进了学生的自学能力、分析能力、沟通能力、执行能力和创新能力的发展和提高。

基于项目的学习方法的目标不再是把现成的知识从老师那里传给学生，也不是让学生按照老师教的程序复制结果，而是创造一个人人参与的实践活动。基于项目的方法并不（或不仅是）关注最终结果，而是关注项目的实施过程。学生不仅要学会应用他们在课程中所学到的知识，还要学会在团队中工作，沟通和协调他们的技能。

为了达到最佳效果，教师需要采取创新的方法进行项目选择，选择与现实生活和职业活动密切相关的内容和主题来教育和培养学生。

在物流工程教育中，应结合各学科的课题和内容，精心选择一些研究课题，交给学生自主选择。他们是要精心设计课题的实施方案，收集资料，制订研究计划，撰写研究报告，提出解决问题的方案，并利用学校的设施独立进行实验。在这样的过程中，学生不仅加深了对学科的理解，而且加强了合作精神和创造力。

## 5. 课堂教学的技能掌握

为了提高课堂教学的有效性，教师需要掌握必要的教学技能。最重要的教学技能被总结为以下几点：观察技能、倾听技能、讲授技能、导读技能、设问技能、导入技能、归纳技能、管理技能、激励技能和展演技能。

（1）观察

教师在课堂上观察学生，主要是观察他们的情绪状态、互动情况、认知状态和参与状态，以检查和调整自己的教学方式、节奏和表达。

（2）倾听

这是沟通的最重要因素。在课堂上，教师不仅要认真倾听，还要做出回应，以产生共鸣。

（3）讲授

这里所体现的技巧差异往往是很大的。深入浅出，具有感染力，诙谐、幽默，具有启发性和针对性，这些都是教师需要训练、需要具备的技能。常有人形容某某"茶壶里煮汤圆——有货倒不出"，笔者倒是认为，多数情况下，是"货"的成色有问题。教育者要真正理解和消化所讲授的内容，然后，琢磨如何采用正确的方式把它们传达出来，这就是讲授的技能。

（4）导读

教师的引导必须含而不露、指而不明、开而不达、引而不发，从而给学生留下自我选择、判断、联想、开拓、发现、创造的思维空间，对学生智力和创造力的发展起到积极的促进作用。

（5）设问

选择适当的时间，提出具有适度挑战性的问题，让学生一步步深入思考。另外，问题应该是探索性和开放性的，鼓励学生敢问和善问。

（6）导入

这是关于教师为课程创造的一个学习背景，激发学生的兴趣和参与。激发学生的兴趣和参与感。所谓"引人入胜"，"引"是手段，"入"是目的，体现了课堂教学的和谐统一。

（7）归纳

课后需要总结。通过一定阶段的学习后需要总结，这就是归纳的作用，可以起到引导和形成充分理解的作用。总结和归纳也可以相互作用，由此便可以实现专业知识和人文教育的良好结合。

（8）管理

这也指的是教师对教学的组织和管理。有一个笑话，说一个老师在课堂上说："后面打牌的学生要比坐在中间用手机上网的学生安静一些，以免吵醒前面睡觉的学生。"虽然这个现实世界的场景有点夸张，但教室里的人在睡觉、看小说、玩手机的情况并不少见。至于管理课堂，吸引每个学生的注意力和积极性，这将考验教师的管理能力。

（9）激励

表扬、肯定是一种激励，批评也是提供一种激励的因素，使学生感到老师能看到并欣赏他们的优点，而他们的缺点也能得到纠正。很多时候，老师的一句肯定的话，甚至一个赞许的点头，一个真诚的微笑，一个亲切的眼神，一个亲切的手势，等等，都能让学生感到被欣赏、被关心、被鼓励。

（10）展演

指的是板书技能与多媒体应用技能。在当今世界，多媒体课程已经成为一种重要的信息学习工具，发挥着其他媒体无法替代的作用。教师熟悉一部分的软件和硬件的使用，提高他们使用基于计算机的多媒体设备的技能，在此基础上提高他们的信息素养和教学技术技能，提高他们对课程开发的理解和认识，并通过不断设计和修改所制作的教学材料促进课程整合。

在课堂学时非常有限的情况下，教师要开动脑筋，精心设计教学内容，采用先进的教学方法和手段。另外将课堂教学与课外实践很好地结合起来，就能使有限的学时教学效果无限提高。

（四）考试方法改革

现有的高校考试制度并不利于学生各方面能力的培养。在试卷形式的考试中，概念性、理论性的题型较多，学生会在考前进行突击，死记硬背，不求甚解。开放性的试题较少，因而留给学生深入思考、探索创新的机会少，对于培养学生的思维能力，创新能力作用不大，而且考试一般都安排在期末，这时教师的教学活动已经结束，对于教师总结考试结果和对教学方法的修改也有诸多不利因素，对于提高学生的学习积极性也有一定阻碍，没有显现出考试的反馈作用。

通常的考试方法是用一张试卷的得分来决定学生这门课程学习的成绩。因此，很多学生平时比较懈怠，考前突击、强记硬背，以求得高的分数，甚至会有一些同学采取各种舞弊手段来求得过关。这样的情况下，学生是否得到切实的收获和真正的提高就很难说了。

### （五）教学改革的效果分析

#### 1. 社会责任感的培养

一个国家的兴衰是每个人的事。作为未来国家建设的接班者，学生现在应该以一个优秀的社会成员的身份关注社会问题，关注如何为社会的进步和发展做出贡献。

#### 2. 学习能力的提高

对学生来说，最重要的事情是学会如何学习。仅仅在课堂上认真听老师讲课，在课下认真阅读课本是不够的。在信息化时代，学生不仅可以从书本、杂志、网络等渠道获得各种知识和信息，而且还需要积极思考，使知识和信息得到很好的吸收、内化和升华。

#### 3. 沟通能力的锻炼

每个人都是一个社会人。沟通能力是现代人应该具备的一项基本和重要的技能。为了在社会上生存，人们需要与不同的人进行良好的互动，以尽快打开局面，在与他人合作中更好地完成工作，否则就会碰壁，在工作和生活中失败。对于优秀的人才来说，沟通能力如果不强，必然会影响未来的发展。

#### 4. 团队协作能力的加强

团队精神是所有项目组成员的动机、愿望、动力和毅力的结合，是一种能够推动整个团队前进的特殊力量。工程产品的研发、设计和生产需要团队的凝聚力，单打独斗的方式无法应对现代工程的复杂挑战，只有依靠人与人、团队与团队、单位与单位的合作，才能使复杂的创造取得成功。工程师们必须提高沟通、合作和协作的能力，尊重彼此的个人利益和成就，避免内部冲突，共同形成一个有凝聚力和向心力的团队。有了团队精神，我们就会有信心和勇气去迎接更多的技术挑战；有了团队精神，我们也会有前进和创新的决心和斗志。这就是"人心齐，泰山移"这句话的真理。

#### 5. 国际化视野的拓展

有才华的人必须有国际视野，有能力吸收不同文化的知识和信息。在双语课程中，学生不仅要学会理解英语文本的内容，还要了解科技英语的表达方式，习惯于用英语阅读和研究科技文献，扩大自己的视野。许多学生在这个过程中感受到了胜利的兴奋和喜悦。

## 二、开展创新实践活动

创新教育是一项系统工程，符合系统性、关联性、全面性、连续性、层次性、高效性等特点。科学规划学生创新活动，搭建创新实践平台，组织丰富多彩的创新实践，就去收获预期成果。

### （一）创新实践平台构建与活动组织

搭建本科创新实践平台，建立创新团队，不仅能锻炼学生的创新思维，还能培养学生的实践能力。

#### 1. 创新实践活动的指导思想

构建学生创新实践教育平台，培养创新人才的具体指导思想如下：第一，通过搭建创新实践平台，探索符合我国国情的完善有效的创新实践人才培养新模式；第二，建立开放严谨、自主创新、合作研究的创新环境，系统、科学、精简的学生创新活动，切实提高学生的创新精神和实践能力；第三，探索创新实践与课程的关系；第四，通过评价和考核建立激励机制，让更多的师生参与到创新活动中来，在各类学科竞赛中取得更好的成绩；第五，总结经验和教训，为组织创新活动提出建议和意见，使其进入良性发展轨道；第六，努力建设高质量的本科团队创新项目，培养一流的团队导师，取得更丰硕的成果。

创新活动需要科学规划、精心管理、政策凝练、团队建设，并建立多种研究和创新力量。

#### 2. 创新实践活动的实施模式

用四个单元来探索新的创新实践实施模式。

（1）一个平台

结合学生特征，开展多种形式的学生创新活动，以科研项目为依托，建立强大而稳定的网络平台，实现资源共享和过程控制。

（2）一个氛围

通过建立规范、精简、公平的激励机制，营造竞争与合作并存的自由、开放的创新氛围。

（3）一个评价体系

结合质量工程理念，从科学发展观出发，在建立客观、科学、全面的质量评价指标体系的基础上，综合运用各种评估方法，重点建立全面、多角度、客观、科学的高校创新活动素质监测与评估体系。

（4）一个人才培养支持体系

总之，在前期工作的基础上，以提高学生科技创新实践能力、锻炼学生综合素质为指导思想，着力构建学科交叉、协同研究、自主创新的高校创新活动体系。

## （二）完善创新实践平台的质量管理

想要提高人才各方面的素质可以通过建立创新实践平台的方式来实现。这种实践的方法可以使人才培养的模式有很好的实施空间，并且可以将人才的专业技能，与其学习掌握的理论知识完美地结合在一起，最终达到高质量教学的目标。

在实践平台对人才进行培养，应当按照一定阶段的不同步骤来进行，采取科学系统的方式来提升大学生创新实践平台的质量建设。

要想使实践平台有秩序地运行就应当按照事先规定好的方案来进行实施，首先第一步需要进入的是计划阶段。在这一阶段，高校需要做的事是先将整个实践活动的目的确认下来，并且制订详细的计划。第二阶段为计划实施阶段，在这一部分的主要活动内容，是将整个实验活动提前制定的目的及具体内容落实到实际中。并且需要将实践活动需要的物质资源提前准备好，将一切工作都做好之后，就可以正式地按提前制订的计划展开实施。第三步进入的是质量监督与管理阶段，在这一过程中，主要是将实践活动中遇到的问题与实践平台不足的地方进行整合。并且通过不断查验与改进的方式，将整个平台系统进行优化，使其可以更加符合社会发展的需求。在改进与优化的过程中，应当遵循科学的发展模式将高质量的实践平台作为自己追求的最终目标。最后一阶段则是对平台上的信息进行筛选与处理。在这一过程中主要的工作任务是完善整个计划中不足之处，让其计划可以更加顺利地运行下去。采用这种科学严谨的循环理论，可以使大学生整个创新实践社会活动的质量得到保障，可以使学生在参与到这类活动的过程中时，将个人的基本素质以及各项能力有效提升，为社会提供更多有价值有道德的人才。

在创新实践活动的过程中，自我评价是非常重要的一个环节。学生在自我评价的过程中应当树立正确的价值观念，并且对于创新从客观的角度来进行评判。

创建实践平台是一个复杂且又漫长的过程，会受到许多外在和内部因素的影响，可能会导致平台在运行的过程中遇到许多问题。这需要学校对实践平台投入更多的精力，保证其得到更好的运行。并且学校应当聘请专业的技术人员对于平台内部的硬件及其软件进行合理的开发及优化。

## （三）创新基地建设与合作研究

在学生参与创新实践活动之前，应当对学生进行系统的实践培训，让学生认识到实践活动可以带来的好处，以及对于实践活动的形式有基础的认知。这样才可以在具体的实践过程中让学生提前适应这种模式，并通过实践的方式可以获得更加有趣丰富的知识。在实践活动开始之前对学生进行这样的培训，可以很好地调动学生积极主动的学习态度，而且可以帮助学生各项能力得到有效的提升。

通过建立学生实习基地与创新基地的方式，鼓励学生开拓自己的创新思维与实践动手的能力。让学生在实践活动的过程中，通过与其他学生的沟通和交流建立良好的人际关系，使自己的沟通能力得到提升。

在整个实践活动的过程中，主要训练的是学生团队协作与独立思考的能力，学生需要将自己所掌握的专业理论性知识运用到实际操作的过程中，并且需要将不同学生之间的观点进行整合，从而使问题得到最终解决。除了在校为学生构建实习基地的方式，还可以通过让学生在校外积极参与实践活动的方式提升学生的实践能力。高校可以通过与校外企业之间的合作为学生争取到实习的机会，让学生可以在步入社会之前，感受到社会的工作与生活，这对于今后学生步入社会具有积极的影响。

### （四）创新实践中的人文素质培养

创新活动是一个很好的实践环节，可帮助学生提高人文素养。

在第五章，我们讨论了人文素养。"素养"本身是由"能力要素"和"精神要素"组成的。所谓"人文素养"，就是"人文科学的研究能力、知识水平，和人文科学体现出来的以人为对象、以人为中心的精神——人的内在品质"。

创新人才必须具备的内在素质包括：敢于坚持、敢于拒绝和质疑、敢于修正自己的原有想法、敢于开拓新思路、主动出击、不盲从、不怕困难，另外要善于协作和沟通。

### （五）实现科技创新由精英活动向大众活动的转化

培养学生的科技创新和实践能力是一项系统工程，必须纳入学校教育的整体规划。

为了让更多的学生从创新实践活动中受益，我们需要将科技创新的方向从精英活动调整为大众活动，并规范科技创新行为。组织设计全校和各院系个别小组的各类科技活动，组织各种课外科技竞赛和活动，鼓励学生组成跨学科团队开展创新和研究活动，组织知名专家和教师组成学生科技活动委员会和各学科专家委员会，开展研究和开发活动。学校成立了学生科技活动指导委员会和各学科竞赛的专家委员会，指导学生的科技创新活动。

规范科技创新的一个有效方法是将课堂活动与课外实践相结合。我们在课程改革方面所做的努力和改变就是为了实现这一目标。课外研究和社会实践必须是对课程学习的直接补充。除此之外，我们做的工作还包括：首先，我们增加了创新培训，在暑假后和开学前分别设立了为期一周的强化基础培训和专业拓展，以加强学生的实践能力；其次，在课程教学的同时，开展热门学科竞赛的准备活动。

## 三、课程建设与资源共享

课程资源建设对于提高教学能力和培养人才有着重要的作用。

课程建设含有两个要素：一个是规划和设计，另一个是实施过程。前者涉及课程设计、课程排序和学习标准等问题；后者涉及学习制度的构建。在教育目标和学习理论的指导下，要根据学生的身心发展特点，研究学习目标、学习内容、学习结构、学习材料和方法、学习评价等因素，以此才能够形成相对稳定的学习行为体系。

### （一）精品课程的建设

开展实践活动需要一定的理论知识作为依托，就需要在整个教学过程中对课程也做一定的要求。我国当代的教育模式，主要是以开发精品课程为主导方向。想要得到精品课程，就需要对整个课程建设制订缜密的计划，通过对社会的了解及学生的评价来制定符合学生发展的课程。近几年国家的教育部门对于课程改革问题投入了大量的精力，并且取得显著效果。其主要是将精品课程的建设落实到实际中，使学生学习的课程质量得到了很好的提升，也使学生整体的素质得以保障。课程建设是一个循序渐进的过程，从合格课程、优质课程、精品课程到精品资源共享课程，从校级的精品课程和精品资源共享课程，到省级和国家级的精品资源共享课程，可以看出总体建设的任务是长期、持续的。

精品课程的建设者不仅只对教材进行优化与整改，更是将教师队伍进行合理的规划，为学生提供更加优质的教学环境。教师需要在课程开始之前，制订教学设计，通过丰富内容的方式使学生更愿意参与到学习中来。并且教师可以运用多媒体的方式使整个课程的内容更加丰富多彩，吸引学生的注意力，让学生可以带着轻松愉快的心情对知识进行吸收。

### （二）教材建设

教科书式课程建设是最基础的一部分内容。

无论是哪一学科教材都是理论知识与实践操作的载体，通过对教材上知识点的学习，学生可以掌握基础的知识，并且可以指导实践操作的活动。教材质量的好坏，直接会影响学生接受知识的质量。一本优质的教材所承载的内容可以很好地促进学生对于知识的吸收与理解，并且可以帮助学生指导实践活动。

教材的内容具有科学性、严谨性，学生通过对教材的学习感知可以获得丰富的知识。教材除了对专业的理论知识进行介绍外，还会对一些名人的著作进行简单的讲解，让学生在阅读的过程中感受优秀学者的相关理念及其学习态度。可以很好地促进学生探索与研究，并且使学生的心理意志层面得到更好的发展。

教材的建设对培养学生各方面的能力具有很好的指导性作用，并且只有对教材有深刻的理解与解读，才可以得到更高层次的发展，使学生的意识得到提升。优秀的教材建设对培养人才有着积极的影响。

### （三）应对慕课挑战

MOOC（大规模开放在线课程）是在线课程开发的一种新模式，是由个人或组织本着共享与合作的精神制作的，目的是加强知识的传播。开放式课程通过互联网传播。毫不夸张地说，这是自印刷机发明以来教育上最大的创新，因为它代表了未来教育的方向。

MOOC 培训课程在互联网上进行。无论您身在何处，所有学习者都可以以最低的费用在世界各地的大学享受一流的课程。您所需要的只是一台用于接收信息的设备（计算机或移动电话）和网络连接。

MOOC 是一种交互式在线课程，与以前的单向在线课程不同。MOOC 平台既提供知名大学教授的讲座会议，又提供后端技术人员的支持。学生的学习进程和体验、交流、师生之间的互动过程都可以完整、系统地得以实现。MOOC 课程的设计类似于传统的大学课程。该计划涵盖了广泛的科学技术、社会和人文学科。参加 MOOC 学习通常是免费的。当学习者试图获得某种认证时，某些大型在线公开课程可能会收取一定的学费。

慕课通过现代信息技术将全世界的授课者与学习者相互联系起来，去共同探讨一个话题，通常会有每周一次的讲授、研讨问题，还有阅读建议、小测验，或期中和期末考试。学习者也可以自发地组成网上学习小组，或者和就近的同学建立学习小组，来更好地提高学习效率。

美国佐治亚理工学院已经宣布，其计算机硕士专业实行"在线课堂"，全球学生通过考核后，就可在当地通过慕课的方式念大学，达到学分要求，就可拿到货真价实的硕士学位。

慕课带来的全球优质资源和较低的学习门槛已经让它有了很大的受益群，未来它还会吸引越来越多的学生。从根本上讲，慕课不仅打破了大学围墙，更会带来教育理念和教学方式的深刻变化。难怪有人惊呼，这种学习方式的革命带给传统大学教育的挑战就像一颗原子弹，影响无疑是巨大的。

很多人担心未来的线上教育会完全取代真实校园。统计数据表明，在线课程虽然门槛很低，但在线上能一直保持高效学习状态的人所占比例却不太大。而且，传统教育的特有内容，如头脑风暴的激辩、团队间的合作、同学间深入的讨论交流、社团活动、在校园建立的人脉关系、获得的校友资源与情谊等，都是网上教育难以比拟的。大学校园"有情感"的学术氛围、教师对学生"近距离"的口传心授、师生之间"有温度"的情感传递、人与人面对面地交流，这些（至少在现在）都是通过高新技术难以获得的。

无论如何，挑战已然呈现。慕课已经成为一场知识全球化的运动，国外很多知名大学和国内的许多大学都已加入其中。

我们的大学应当积极引入国际先进的教育理念和教育资源，还要努力传播中国的优秀文化与教育资源。我们的老师在学会在线教育的技术和方式的同时，还要学会真正地关注学习者的需求，在观念和能力上都要提高和创新。

## 四、提高教育者的创新素质与能力

要创作出伟大的作品，艺术家必须具有一定的艺术成就、独特的艺术技巧和表现力，而最根本的是对艺术的热爱和理解。教育也是如此。

要培养出高素质的创新人才，教师自身的素质、修养、能力、创新精神、对职业的热爱，也都是必不可少的。

### （一）我们需要这样的老师

"教师是阳光下最光荣的工作"这一说法曾经得到无数人和整个社会的支持，但是今天情况似乎有所不同。

那么，时至今日，学生需要什么样的老师？我们或许从"德""能""勤""法"这几个方面来阐述：

#### 1. 师之德

德高为师，身正为范。

要成为一名合格的教师，就要树立好良好的道德观和科学的育人思想，"以人格的力量教育人""以渊博的知识培养人""以科学的方法引导人""以高尚的情操塑造人""以高雅的气质感染人"。

教师的德，可以体现为一个"爱"字，爱岗位、爱工作、爱学生。爱因斯坦说："只有爱才是最好的教师，它远远超过责任感。"

#### 2. 师之能

有人把对教师的状况和要求归纳为：靠"实力和能力应付过去"，以"潜力和活力面对现在"，凭"魅力和创造力应对未来"，这是有一定道理的。凭着一本书和一套讲义，经年不变，老生常谈，这样的时候不会再有了。今天的教师，需要打破以往的老观念，不再以"教师""教案""教材"为中心,而是要确立以学生为中心的创新意识,提高自己的表达技巧,感染和吸引学生,调动学生的学习热情,这样才能达到预期的教学效果。所有这些,可以归纳为一个字:"能"。

科学发展到了今天,门类繁多,更新速度超快。所以,为人"师"者,更应好学。所谓"学而不厌,诲人不倦""活到老,学到老",教师比其他任何人更应当具有这种精神。

传道、授业、解惑,教师需要有思想、有才能、有智慧,要不断完善自己的知识结构,为学生提供有源头的、流动不息的活水。这样,才不会"误人子弟"。

教师要学会认识学生,发掘学生的潜能。陶行知说过:"你的教鞭下有瓦特,你的冷眼里有牛顿,你的讥笑中有爱迪生。你别忙着把他们赶跑。你可不要等到坐火轮、点电灯、学微积分,才认识他们是你当年的小学生。"

教师要善于培养学生热爱学习的劲头和怀疑、探索的精神。名家们说过:"知之者不如好之者,好之者不如乐之者""教育不是注满一桶水,而是点燃一把火"。

3. 师之勤

勤奋是懒惰的反义词,是成功的基础,是传统的美德。勤,就是要珍惜时间,勤学习,勤思考,勤探究,勤实践。"业精于勤而荒于嬉,行成于思而毁于随",说的也是这个道理。我国数学家华罗庚曾说过:"勤能补拙是良训,一分辛苦一分才。"国内外许多成功人士之所以能脱颖而出,是因为他们的努力。

俗话说,榜样的力量是无限的。我们教育我们的学生要坚强和勤奋。老师的所作所为是无形的,会成为学生自身行为举止参照的一个实际例子。

4. 师之法

教师对于自身职责的履行,不仅依靠道德的约束与激励,也靠高强的能力和勤奋的努力与积累,与此同时,还要有正确的方法。一味用点名、拍照的方式将学生留在课堂,用考试不及格来威慑学生,都不是高明的做法。

"教"与"学"的过程中,师生之间需要不断地进行交流与沟通。若非如此,教师的"教"就无的放矢,学生的"学"也就漫无目标。

教育的方法可以分为以下五个类别:①"以语言传递信息为主"的方法,最常见的讲授法就属于这一类别,另外还包括谈话法、讨论法、读书指导法等;②"以直接感知为主"的方法,比如参观、演示等方法;③"以实际训练为主"的方法,包括实验法、练习法、实习法、作业法等;④"以欣赏活动为主"的教学方法;⑤"以引导探究为主"的方法,如前述的发现法、探究法等。

在以创新人才培养为主旨的教学过程中,教师的"教"与学生的"学"应该是融为一体的。教学过程为师生共同参与、互动、互进的过程，师生之间应建立起一种平等、合作的关系。这就需要教师主动转变角色，积极投身教学实践，投入时间和精力，与学生进行零距离的交流与沟通，达到教学相长的目的。从另一方面来看，教师不仅要施"教"，而且要问"学"。所谓"以学论教""教主于学"，就是说"教"的主体在于"学"，"教"的目的在于"学"，"教"的效果也在于"学"。"教"与"学"是不可以分家的。

### （二）如何当老师

爱岗敬业、爱生如子，教书育人，为人师表。这是笔者对自己教师职业的理解，也是对自己的要求。热爱教育事业，秉承以爱执教的理念，始终把学生当作自己的孩子一样看待，引导学生正确认识所学专业，培养学生热爱专业，献身专业的工作精神并积极参加各种集体活动和创新实践，为了学生，甘愿付出，无怨无悔。

本着"一切为了学生"的根本宗旨，全心全意地为学生服务。工作不分分内分外，时间不分早晚，在学生需要帮助的第一时间里，为他们提供主动而热情的服务，在细节中教会学生做人做事；全心全意地给学生以各种帮助和辅导，努力为学生创造和争取更多的学习和发展机会。

多年的教学工作中，本人一直坚持钻研教学理论，不断寻找最合适、最有效的方法，让学生得到最大的收获。利用各种教学方法，将抽象难懂的理论知识变得形象、生动，并采用以学生为主体、教师为主导的新型教学模式，注重课内教学与课外实践活动的结合，大力培养学生的综合素质，塑造全面发展的综合性创新人才。

## 第三节 关于创新教育的反思

著名漫画家丰子恺画了关于教育的漫画。其中一幅名为某种教育的漫画尤其令人难忘：老师在模具中放了一块泥，然后印了同样的泥娃娃。这表明，在传统的教育体系中，教师的教学或更确切地说是"单向灌输"严重限制了学生的天性并破坏了其灵性。由此塑造出的是同质化极其严重的人才，根本没有特殊性，谈论创新几乎是不可能的。因此，笔者不得不承认这是教育的痛心所在。

许多文章都引用了此类事例：据说，一位德国博士生为了在中国完成博士学位论文而长途跋涉到中国学习。在参观了北京、上海和广州的学校之后，他用两句话来评价中国的教育：中国老师是世界上最能说的，而中国学生是世界上最会考试的。这种表达略有偏差，但并不荒谬。在大多数教室中，默认情况下老师会讲话，而学生会听。这就是每个人的思想方式。受过训练的学生失去了个性、个人表达、自我管理和创新能力。对于这些人来说，建设一个创新型国家就像是一个愚蠢的梦想。

## 一、要充分认识到"反思"对于每位教师的成长和担当培养创新人才角色的重要性

### （一）反思能转变教师的教育观念

在实施创新教育的过程中，教师处在一种具有研究精神的教学环境中，从教师的角度出发，他们对理论教学和实践教学中的各种问题进行研究和分析，反思自己的行为，而后解决这些问题。它建立了行为研究、终身学习和反思性行为创新学习的新概念。我们需要确定科学研究的最新趋势，并吸收科学研究的成果，开展创造性的教育活动并培养创新型人才。

### （二）反思可使教育理论再与教学实践相结合，促进教学改革

在教师的职业生涯中，每一串成功的脚印，每一次勇敢地攀登，点点滴滴，都伴随着酸甜苦辣、心灵的洗涤、思想的飞跃。其中，教学反思犹如一副刹车闸、一帖清醒剂，在你迷茫时、彷徨时、横冲直撞时，拉你一把，敲你一下。警醒大脑，反思自我，修整行装，继续出发。教师通过反思，把在教育教学中遇到的困惑、难解的问题，与教学实践结合起来，采取恰当的特定教学行为，形成优化的教学实践模式，从而促进教学改革。

### （三）反思能加快教师的成长，使教师成为研究者

许多优秀教师脱颖而出，和他们能够自觉思考、敏锐把握、善于积累、重视反思是分不开的。美国心理学家波斯纳提出教师成长的公式：成长＝经验＋反思。苏格拉底说："没有经过反思的人生是不值得过的。"一名教师的成长与进步，离不开积极主动独立的思考。没有反思，教育教学像一潭死水，激不起生命的浪花；没有反思，教师的创新意识、创新激情，不会被重新点燃。反思与教师的成功体验、与教师的阔步成长分不开。

## 二、教师在实施创新型人才的培养中应注重进行"反思"的几方面

### （一）对传统观念和思维模式进行反思，树立全新的人才观和教育价值观

要认清教育的本质，是促进人的发展和培养社会需要的创新人才。转变旧有观念，由

面向少数、面向精英转为面向全体。重视人才的全面发展和个性发展，"一花独放不是春"。教师要本着"人人都是人才，人人都能成才"的信念，充分挖掘学生的潜能，尊重学生的独特个性。始终坚持"以人为本、和谐发展"的办学理念，要允许和宽容生命的个性发展。教师要善于学习和借鉴一些先进国家优秀的经验以及成功的例子，经常反思自己在教学工作中的过激行为，反思工作中的失误和不当之处，避免发生偏离教育正常轨道的行为，对学生造成无可挽回的伤害和后果。生命是独一无二的，每个人的发展也各有千秋。尊重和珍惜每位学生，进行更积极的教育，使学生能够辨别是非，树立正确的观念和价值观。必须运用情感来感动人，并帮助学生积极学习和思考。在美国儿童的教育中，尊重是一种重要的方法和特殊的营养。美国人注意与孩子说话的语气和方式。成人不仅会专心听孩子的话，有时还会蹲下来跟他们说话，这样孩子们就会觉得您尊重他们，可以防止他们感到自卑。美国人反对父母在人前教子，更不允许当着人面谴责孩子"不争气""笨蛋""没出息"。从而我们可以看出，在学校教育和教学过程中，教师应充分尊重学生的主体地位，充分发挥学生的主体性，以人为本，重视人格发展，尊重学生的个体差异，建立人际关系。建立一种民主、公平的师生关系，相互学习，使学生能够在最佳的情感环境中更好地获取知识，掌握技能并接受教育。

### (二) 对旧有的学习方式和学习理念进行反思，树立终身教育的观点

教师要敢于面对知识经济的挑战，不断地学习充电，使知识结构向多层次、多元化发展，从而有效地驾驭教学，满足促进学生全面发展、培养创新人才的需要。反思自己的学习惰性，始终保持科学研究的学习态度。树立终身学习的思想，不进则退，学无止境，永不满足。教师要勇于探求创新学习的方法和途径，用现代教育观念指导学生学会学习。做学生自主学习的引导者，激发学生的创新意识，培养学生的创新能力。

教师职业的基本特征主要体现在两个方面：一是教师工作的长期性、复杂性和艰巨性，二是教师工作的发展和创造力。老师应该在教育实践中关怀他人，善于积累学习工作中思维的火花，不断强化成果意识和成才意识。经常及时地将教学中的感悟、反思以及学生对一些问题的新想法记录下来，定期整理并形成论文。"离开了人的培养去讲文的教学，就失去了教学工作的制高点，也就失去了教学的真正价值。"教师要充分认识到自己工作的对象是人，人是千差万别的，要做好教育工作，就要充分发挥创造性。教师不仅仅只扮演"奉送真理"的教育者，更应成为学生成长明智的指路人、辅导员，教师的一言一行对学生起着潜移默化的作用。

### (三) "反思"旧有的教学模式，学习先进的课堂教学理念

每个教师都应做到：一切"注意"都在学习，一切"思考"都在教学。通过讲授附

言、日记或基于故事线形式的文章来记录成功和失败；听讲座、评估课程并观看自己的教学视频，与他人进行比较并了解自己；在教学过程中记住令人鼓舞和闪耀的智慧之光；记住一些学生的意见；记住其他老师的一些成功教学示例，反思他们在教学中需要改进的教学方法和教学行为，提高他们控制课堂教学的能力，促进理性思考，发展自己的优势，填补空白并确保进步的连续性。

在学习工作中反思，并做到与时俱进，更新观念并树立正确的教育思想和教学观念。反思过去的固定模式和思想模式，以崭新的面貌看待人和事物，并善于发现他人的亮点和错综复杂的事物。以积极的思想和独特的想法与人打交道，反思教育和教学行为上的差距，秉承孔子的"三人行，必有我师"与孟子的三乐"得天下英才而教育之"这一理念。不断反思工作中的自主性偏见和对双向沟通的忽视，并认识到需要重新学习、相互交流以及进修培训等，以便为课堂教学提供更多的新鲜元素，使课堂上呈现出生机勃勃的繁荣景象。

在成长的过程中，尽管反复出现的错误和无法弥补的损失淡化了我们对成功的喜悦，但它们也增强了我们对胜利的信心。这条路在脚下，只有那些有勇气攀登而又不怕困难的人才可以达到荣耀的高峰。尽管教育是令人遗憾的职业，但只要我们不断思考并习惯思考，尽最大努力减少后悔并减少心痛。我们更加感谢时代和社会所提供的重要舞台。这些不知名的老师和乐于助人的朋友，他们愿意为我们做梯子；及这些充满活力，天真和可爱的学生，让我们可以拥有永恒的心和旺盛的生命力。让我们以独特的灵感、巧妙的创造力、创新的实践，孜孜不倦的教学精神，充满热情和爱心，努力培养对祖国和社会各个方面有用的人才。

# 第七章 高校创新人才个性化培育

## 第一节 高校创新人才个性化培育的时代价值

对于一个国家而言，创新人才是决定综合国力和人民福祉的关键要素。因此，培养创新人才是加快国家发展的重要支柱，是当前高校教育必须完成的任务。探索创新人才个性化培育模式，本章将首先厘清一些基本概念，进而深入剖析高校构建创新人才个性化培育模式的战略意义以及国内外有关创新人才个性化培育的现状，为构建高校创新人才个性化培育模式奠定基础。

### 一、概念界定

高校创新人才个性化培育模式是一个非常复杂的总概念，它包括很多子概念。本节中，我们将对创新、人才、创新人才、个性化、个性化培育、人才培育模式等子概念进行分析，并在此基础上理解高校创新人才个性化培育模式的内涵。

（一）创新人才

**1. 创新的含义**

创新是人类不断进步的源泉与动力，古今中外的思想家们都对创新思想非常重视，很早就提出了创新的概念，并做了详细而深刻的阐述。在新的历史时期，我国紧抓"和平发展"这一时代主题，并把"创新"视为实现中华民族伟大复兴的必由之路。下面，我们将对创新概念的由来稍作梳理。

"创新"一词在中国最早出现在南北朝时期。《魏书》中记载，北魏杰出大臣李彪向魏孝文帝上表时说："革弊创新者，先皇之志也。"李彪所说的"创新"多是指社会体制的变革和完善。此后，在隋唐乃至往后时期，这个词的出现频率明显增加，并且所表述的对象也从体制扩展到设施、文化等领域。到了近现代，"创新"已经成为全球使用频率最高的词汇之一。

需要指出的是，虽然"创新"一词和创新观念在中国古代很早就出现了，但有记载最早专门阐述"创新理论"的思想家则是在西方国家，奥地利著名经济学家约瑟夫·熊彼特最值得我们关注。熊彼特首先在《经济发展理论》中正式提出并详细阐述了"创新"的概念，形成了以创新理论为核心的经济学理论体系。他认为，创新就是要建立一种新的生产函数，即生产要素的"重新组合"。也就是说，要把生产要素的重新组合引入生产体系中，最大限度地获得超额利润。他进一步明确了创新应该具备的五个因素，即产品创新、技术创新、市场创新、资源配置创新以及组织创新。此后，他的理论被广泛应用，成为全球发展政策制定的理论基础和重要依据，各个国家都把生产技术的革新和生产方法的变革创新作为提升核心竞争力的关键点。

根据上述这类对创新概念的阐释和理解，我们可以总结：创新实际上就是指在特定的环境中，以理想化需要或满足社会需求为导向，以已有的知识理论与物质为基础对思维模式进行改变，发现新的思路和方法，改进或创造新的事物、方法、元素、路径、环境，并且能获得一定有益效果的行为和方法。

### 2. 人才的含义

更多的研究者从人力资源的角度来理解人才的内涵。经济学家西奥多·W. 舒尔茨（美国）认为，人力资源可以作为一种经济资源，一般指的是人的工作能力，是指人在参与工作中对物质加工的综合能力。虽然舒尔茨没有专门明确界定人才的概念，但他所指的人才就是具有运用生产资料进行物质生产能力的人，然而这一界定相对比较宽泛。管理学大师彼得·德鲁克关于"人才"的界定则更加具体，他列举了人力资源拥有当前其他资源所没有的素质：协调能力、融合能力、判断力和想象力。经济学家加里·S. 贝克尔运用了辩证思维，不仅认可学界对人才的理解，把人力资本当作一种人格化的资本，还特别强调工作性质、种类等因素以及个人主观因素对人力资源开发过程的影响。

由此可见，人们对"人才"的概念有着不同的解释，我们难以找出一概而论的定义，因为就大到国家、小到企业而言，人才的属性是由它们具体的目标而定，而且人才的类型各有所异。当然，我们的人才定义必然要依据我国的发展需求。在众多的理论当中，最有权威性的是《中共中央、国务院关于进一步加强人才工作的决定》，它是基于新形势、新任务而做出的解释："只要具有一定的知识或技能，能够进行创造性劳动，为推进社会主义物质文明、政治文明、精神文明建设，在建设中国特色社会主义伟大事业中做出积极贡献，就是党和国家需要的人才。"

### 3. 创新人才的内涵

创新人才是指那些有创新能力的人。即使在定义的内涵和外延上存在差异，但学界对创新人才的定义基本相同。

林崇德对创新人才的定义具有代表性，我们可以用简洁的公式予以表达，即创新人才（创造型人才）= 创造型思维+创造型人格。创造型思维包括新颖的思维活动、独特的想象能力、特殊的灵感和统觉能力，创造型人格包括健康的情感、坚强的意志、刚毅的性格、积极的个性意识和良好的习惯。不难发现，林崇德的定义偏重于心理学意义，明确说明了创新人才的心理特征，不足之处在于忽略了专业的发展维度和社会价值维度。

我国著名创新理论家郎加明在《创新的奥秘》中也提出了自己的观点。他说，创新人才具有高尚的品德、极高的智慧和常人所不具备的胆魄和毅力，创新思维能力强，在各种社会实践中能够以创造性的劳动去认识世界或改造世界，对人类的和平繁荣和社会的繁荣进步做出一定贡献。相比较林崇德的定义，郎加明提出的定义则相对全面，从心理学、专业等角度都进行了限定。

综合林崇德、郎加明等人以及国外学术界的观点，我们尝试将创新人才定义，即指那些具有创新精神、创新意识和创新能力，能以创新的理论提出问题，以创新的思维分析问题，并最终以创新的方法解决问题，对社会物质文明、政治文明和精神文明做出创造性贡献的复合型人才。创新人才不仅具备政治素质、道德素质、人文素质、身体素质、心理素质、实践素质等一般性素质，还具备广博的知识、独特的思考能力以及活跃的创新思维、创新意识、创新精神和突出的创新成果等特征。

（二）个性化培育

1. 个性化

个性化中的"化"作为后缀，一般加在名词或者形容词后构成动词，表示使某种对象达到某种状态或性质的过程。相应地，个性化就是指"使某种对象具备个性的特征"。不过，我们要理解个性化的含义，须首先对"个性"有所了解。下面，我们简要分析个性的含义。

"个性"最初源于拉丁语 Personal，是指演员所穿戴的面具，后来延伸到具有特殊性格特征的演员，再后来发展到对个体性格的描述。在心理学上，一般而言，个性是指一个人独有的、稳定的、持续的和本质的心理倾向和心理特征的总和。简单地说，个性就是一个人的整体精神面貌，是个性心理或人格的简称。

经过演变和扩展，个性这个词运用到各个学科并成为哲学中非常重要的词汇，本文更多地从哲学角度来讨论个性的含义。唯物辩证法，个性即特殊性，是指某种事物区别于其他事物的特殊性质，它强调相同事物之间的差异性。与个性相对应的是共性，即不同事物之间的普遍性质，它强调不同事物之间的共同特征。在认识的过程中，个性与共性同等重要：普遍性便于人们采用简单化或者模式化的方法把握不同事物的本质；个性则与个别事物密切联系，突出事物之间的差异性和处理问题过程中的针对性。

通过分析，我们再回到个性化的概念，可以将其简单地理解为培养个性、发展个性，突出个体差异，使某种事物能够与其他事物区分开来并获得不同的特质。换句话说，个性化是一种创新和特殊化的过程，个性化目标的实现必须依赖于手段、内容的创新与突破，而非乐于保守、安于现状。

### 2. 个性化培育

个性化培育的理念源自中国古代孔子所提出的"因材施教，有教无类"这一教育思想，并在教育的历史过程中不断地发展。

依据个性化教育理论研究与实践学者曹晓峰的观点，我们可以将个性化培育理解为：对教育对象进行综合调查、研究、分析、测试、考核和诊断，根据社会或未来发展趋势、教育对象的潜质特征和自我价值倾向以及教育对象的利益人的目标与要求，在教育的过程中采用突出学生参与的主体地位和学生主体之间差异性的一种独特的教育方法，以达到学生自由发展、全面发展的教育目标。

个性化培育主要包括以下内容：第一，目标个性化。教育的目标不仅在于培养个体的调适能力和全面协调能力，还在于教会学生学会学习、学会关心、学会创造、学会生活。同时，还要根据个体特点拟定不同的教育目标。第二，前提个性化。教育是建立在对学生的性格特征、心理健康、个人能力、成长环境、价值取向等各个方面精准把握的基础上，所以，要通过调查分析的方法对学生进行全方位的调查与了解，挖掘亮点，从而为因材施教做好充分准备。第三，过程个性化。既然我们掌握了学生的基本情况，那么，在教育的过程中就可以根据主客观条件有针对性地、有分别地、分层级地施行相应的教育措施。第四，结果个性化。就是依照目标个性化来衡量教育实施的效果，并对教育的效果进行评估，而为教育过程的再循环提供有价值的反馈。

应该说，个性化培育是以上各个方面相互融合的系统，缺一不可。如果缺少"过程个性化"，"目标个性化"就没有保障也不现实，只能算是空谈。如果"目标个性化"最终没有实现，"结果个性化"就失去意义。同样的，如果没有"前提个性化"，"过程个性化"也无从谈起。因此，个性化培育在本质上是一个内在紧密联系的教育系统，而不是一种单纯的教育理念、教育目的和教育形式的简单叠加。同时，它也是一个不断循环的过程，在教育过程中各部分内容循环往复，在循环过程中不断提升整个教育的个性化水平。

### （三）创新人才个性化培育模式

#### 1. 人才培育模式

根据《现代汉语词典》，模式是指某种事物的标准形式或是人可以照着做的标准样式。《辞海》也对模式做了基本定义：可以作为范本、模本、变本的式样。从这两部词典中给出的定义来看，模式就是可供参考的标准。这个标准是建立在一般规律基础之上的抽象化和规范化，并也要具有可借鉴性和可推广的价值。换句话说，模式是抽象化和具体化之间的均衡。特别要注意的是，过多的抽象化会削弱可借鉴性，而过多的具体化则会降低普遍适用性。

人才培育是指按照社会对人才的要求而采用特定的教育方法对人才实施培养的过程。它包括培育理念、目标、主体、客体、途径、制度等各种要素。培育理念是指教育思想，即对教育活动原则的理性认识和价值判断；培育目标是关于"培养什么样人才"等问题的理解；培育主体和客体是关于"谁来培养"和"培养谁"的问题，比如，在高校人才培养活动中，学校是培养的主体，大学生是培养的客体；培育途径是指"怎样培养"的问题，是培育理念的具体化，包括教学、管理等方法；培育制度则是对培育的主客体关系、方法手段和资源保障等方面的机制与法律法规，比如，招生制度、奖励制度、教学制度等。以上各要素相辅相成，构成了人才培养的整体机制。

相应地，人才培育模式必然是指对培育过程中上述各个要素、要素之间关系以及整体机制的设计与建构，并形成了具有一定特点的稳定形态。我们可以从以下三个方面对之做出解释：首先，它是对教育实践的凝练。实践是理论的来源，理论是对实践的总结、提升。教育各个要素在教育实践的过程中会因时、因地、因人而异，但它们之间的差异不会游离于教育规律之外，都是对教育规律的运用，而在具体实践与普遍规律之间存在合适的结合点，这个点就是某种培育模式。其次，它是一个稳定的过程。仅仅准确定位那个结合点还不够，还得比照教育规律在具体实践中经过不断反复的尝试、验证与调整，从而形成稳定的教育模式。最后，它具有自身的特点。教育规律是对教育过程的简单化、抽象化，抛弃了特殊的情境，而教育就是一个抽象原则具体化的过程，教育模式要体现自身的特点。

#### 2. 高校创新人才个性化培育模式

到目前为止，通过概念分析的方法，逐个剖析了创新人才、个性化培育、人才培育模式等重要概念。综合这些概念，应该总体上对作为人才培养重要基地的高校的创新人才个性化培育模式概念有了比较初步的了解。

所谓高校创新人才个性化培育模式，就是指培育主体为了实现培育有创新精神、创新意识和创新能力且具有创造性贡献的复合型人才的目标，在以人为本的教育理念和培育制度以及精细化的培育手段保障下所设计、建构而成的突出主体性、独特性和创造性的理论模型与实践范式。它包含众多要素，从宏观角度而言，它主要有：人才培育理念、培养方案、专业课程设置、培育制度、考评体系、创新激励机制等。

培育理念是决定整体模式的总体原则和最根本要素，对其他要素的选择和运用都产生极其重要的影响。培养方案规定了专业课程、第二课堂的配比、课程之间的关系等问题。专业课程设置是大学所选定的课程类型和课程门类以及在各年级的安排次序。培育制度是教学过程中有关师生关系、组织方式、培育内容等方面的规定。考评体系是依据一定的培养目标和运行标准，对人才培养过程及其培养质量与效益做出客观的判断与评价，为培育工作的改进提供反馈意见。创新激励机制是通过物质或精神奖励调动培育主体、培育对象的创新热情而制定的激励方法。

高校创新人才个性化培育模式最大的特点在于各要素的个性化与精细化，与其他一般培育模式有着明显的区别，主要体现在以下四个方面：

首先，促进学生个性化发展是其重要特征。以人为本的理念是关于人的本质的理解，在教育领域中具体立足在以生为本，而以生为本又要体现在对学生个性的尊重以及教育方法的个性化。其次，重视学生的独特性。每个人都是一个独立的个体，具有与其他人相区分的个性特征，而这种特征就决定了培育工作的复杂性，需要实施分类、分层培育，提高培育的有效性。再次，尊重学生的主体性。只看到学生的个性和独特性是不够的，还要强调学生在教育实践中的参与性，搭建各种平台，激发学生独立思考的积极性，避免填鸭式、灌输式的培养方式。最后，突出强调学生的创造性。构建人才培育模式的最终目标就是要培养出具有创造能力的创新人才，实际上个性化教育本身就是一种创新，只有通过创新的方式才能培育出创新的人才。

## 二、价值判断

### （一）宏观层面：建设创新型国家的强大推动力

建设创新型国家、提高国际竞争力的核心要素之一便是创新人才。创新人才富于开拓性，具有较强的创新能力，能开创新局面，将为社会发展做出创造性贡献，其主要特征包括：一是具有很强的好奇心和求知欲望；二是具有突出的自我学习与探索的能力；三是在一些领域或某一个方面拥有广博而扎实的专业知识和较高的专业水平；四是具有良好的道德修养，能够很好地与他人合作或共事；五是具有健康的体魄和良好的心理素质，能承担高强度的工作。创新人才的培养将成为建设创新型国家的必要措施和手段。

高校作为培养创新人才的主阵地,对于我国建设创新型国家发挥重要作用。首先,全国高校从事科研活动的教师约占全国研发人员的三分之一,是各种研发工作的主力军,因此,高校具有较好的研究氛围,为创新人才的培养提供良好的环境。其次,高校教师是创新人才队伍的中坚力量,高校多年来培养了一大批科学家、科技领军人才。在新时期经济持续又好又快发展的今天,高校毕业生在我国各个领域各条战线成为骨干,发挥着极其重要的作用。相信高校还将培养出一批又一批具有较强创新能力的创新人才。因此,高校创新人才的培养已经越来越成为更多人的共识,加快培养更多更好的创新人才,必将对我国建设创新型国家起到巨大的推动作用。

## (二) 中观层面:高等教育改革与发展的要求

近年来,随着我国高等教育事业改革的不断深入,在管理体制、招生制度等方面进行了改革,高校办学质量不断提升,但是总体发展依然落后于发达国家,尤其是高校对创新和拔尖人才的培养和输出,名家、大师还很少出现。目前,高校在教育体制和教学方法等方面还存在一些被忽视的薄弱环节,在大学生整体素质和创新能力培养过程中还存在着较多问题,这些成为影响高校人才培养质量、制约高校发展的瓶颈。要解决这些问题,消除瓶颈,谋求高校发展,就必须加快自身的改革和创新,破除传统观念的束缚,提倡适应时代发展和国家建设的创新教育,以培养创新人才为高校改革和发展的核心任务。高质量的创新人才培养要求高校必须坚持创新教育发展理念,把握教育发展的规律,开展创新教育,重视创新成果,只有这样,高校输出的人才才能成为我国经济建设和社会发展的新一代劳动者、建设者、管理者与领导者。因此,创新人才培养是我国高等教育自身改革和发展的必然要求。

此外,创新人才个性化培育还对高校实施素质教育工程具有导向作用。高校素质教育旨在促进大学生全面发展,创新素质正是良好综合素质的重要体现,也是提高学生综合素质的核心,因此,培养创新人才是高校实施素质教育工程的核心工作。北京师范大学教授林崇德认为:"在培养学生身心全面发展的前提下,素质教育理应彰显创新人才培养的核心价值。"林教授强调:"创造力是在其他能力的基础上发展起来的在高层次上表现出来的一种综合能力,而创新人才则是创造力和创造性人格的统一体。"因此,高素质的适应时代发展要求的创新人才,首先应该是具有较高综合素质的人。创新人才的培养目标体现了素质教育系统工程的目标,同时,也成为素质教育工程的结构和功能制定的重要目标和考虑因素。全面实施素质教育就要使受教育者能全面发展,其中包括创新能力提升,因此,培养创新人才既是以素质教育为基础,也是素质教育的延伸。

### （三）微观层面：提升大学生知识素养的机会

当今时代，知识更新周期缩短，转化速度加快，知识爆炸已经成为时代发展和社会进步的重要标志。实践证明，传统的学习方法和思维方式已经很难适应社会发展的要求，要想通过接受大学教育成为创新人才，能够担当起建设创新型国家的责任，就必须不断增强创新意识，通过学习的创新提高创新思维和创新能力。

创新人才不仅要有扎实的基础知识和基本功、精深的专业知识和技能、广博的前沿理论和方法等，还应该具有出色的创新能力，例如，信息获取、加工和应用能力，实践操作和动手能力，创新技术方法学习和运用能力，创新成果的表达和转换能力，等等；另外，创新人才还应该具备较高的文化知识素养。大学生要获得所有的这些卓越的素质和能力，必须通过较多的机会和有效的训练。因此，高校创新人才的培养恰恰为在校大学生提供全方位提升文化素养的必要资源和重要机会。它不仅强调教育理念的创新，还要求在教学内容上倡导创新，在充分吸纳自然科学和人文社会科学的最新理论和可预见性研究成果的基础上，引领学生掌握当代科技发展的最前沿；在教学理念和方法上强调自主学习，旨在提升学生的学习和动手能力，使其具有较强的综合创新能力。

## 第二节　基于时代背景的实践探索

"高校创新人才个性化培育模式"就是指培育主体为了实现培育有创新精神、创新意识和创新能力且具有创造性贡献的复合型人才的目标，在以人为本的教育理念和培育制度以及精细化的培育手段保障下所设计、建构而成的突出主体性、独特性和创造性的理论模型与实践范式，它包含众多要素，从宏观角度而言主要有：人才培养理论、培养模式、课程建设、培养制度、考核内容、创新激励制度等。而高校创新人才个性化培育模式的形成，离不开政府的调控、引导以及高校自身的完善，也离不开个性化的思想政治教育以及各种隐性教育的合理运用。

### 一、加强创新人才个性化培育的调控

在全世界范围，高等教育的良性发展无不在政府部门的宏观调控和政策引导下进行，我国高校创新人才个性化培育也应当加强高等教育的顶层设计和内部机制体制建设。

#### （一）谋划高等教育改革顶层设计

我国高校进行创新人才个性化培育离不开国家在宏观层面上谋划好高等教育顶层设

计，教育主管部门应当根据不同类型、不同层次高校，系统规划人才培养的质量标准和评价体系，高校应当根据教育主管部门的分类标准结合自身情况进行准确定位，构建个性化的创新人才培育模式。总的原则是，宏观层面的顶层设计宜粗不宜细，为高校发展留足空间，避免高等教育同质化现象的发生。

### 1. 构建高校分层分类体系

合理的高校分层分类体系，应当充分考虑我国高等教育发展现状与趋势，形成层次分明的高等教育体系，对不同层次、不同类别高校分别提出不同的人才培养目标。以此为基础，还应当构建相应的办学评价体系，让高校办学有着明确的方向和努力的目标。就我国当前高等教育现状来看，如果以人才培养目标为分类标准，大致可以将高校分为两个层次：以高层次人才培养为目标的研究型大学，以培养技能型人才为主要目标的应用型大学。在"大众创业、万众创新"的时代背景下，不管是研究型大学还是应用型大学，都面临着培养个性化创新人才的课题。

### 2. 强化高校分层分类指导

不同层次的高校有着不同的人才培养目标，同层次的高校也各有专业特色和行业要求，因此，每所高校创新人才个性化培育模式必然有所不同，政府层面应当强化分层分类指导，引导高校根据生源特点、专业特点和行业需求选择适宜的人才培育模式。前文分析指出，就人才培育模式的要素而言，主要有人才培育理念、培养方案、专业课程设置、培育制度、考评体系、创新激励机制等，这些要素都深刻地反映着一所高校与众不同的人才培育模式，体现了这所高校的办学特色，是高校在进行创新人才个性化培育时应当首先考虑的基本要素。

## （二）理顺高等教育管理机制体制

从美国高校创新人才个性化培育的经验来看，政府制定适宜的法律和政策是引导高校良性发展的有效方式。我国高等教育的发展特别是创新人才个性化培育离不开政府的宏观调控，因此，在政府引导下通过法律、政策等行政手段理顺高等教育管理机制势在必行。

### 1. 完善相关法律

我国《高等教育法》于1998年8月颁布实施，迄今已有20多年历史，促进了我国高等教育持续快速发展。然而20年后的当代中国，经济规模和社会发展都取得了极大的成就，势必更加深刻地影响着高等教育发展格局。特别是在提倡创新的时代背景下，应当结合现状对《高等教育法》进行完善，从法律层面保障高校创新人才培育实践，引导高校进行合理定位，促进创新人才个性化模式的形成。

## 2. 落实高校办学自主权

实行大学的管理自主权等于赋予学校独立创建学科、专业、课程并提供特色教学的权利。如果大学没有自治权，它们将面对千校一面的现象，失去它们的学术目标和定位，失去它们的个性。近年来，为什么有些学校追求高标准的致力于科研类型的院校，并想成为一所高水平的研究型大学，而又不想满足于自己的位置并轻视教学注重科研，因为学校没有自主权。没有办学自主权，必然导致大学价值追求的趋同和单一化发展，导致大学发展的结构、效益和质量存在缺陷。

## 二、凝练创新人才个性化培育的理念

在我国，高校创新人才个性化培育积累了一定经验，也提出了一些构想，如国家对于双一流大学拔尖创新人才培养的期望在于培养具有历史使命感和社会责任心、富有创新精神和实践能力的各类创新型、应用型、复合型优秀人才。因此，高校应当结合自身传统优势、学科优势、区域优势和文化优势，提出符合国情校情的创新人才个性化培育理念，夯实创新人才个性化培育的基础。

### （一）强化对创新人才个性化培育理念功能的认识

人才培养的概念是对人才培养的本质、人才培养的目的以及人才培养的价值的系统理解。它还包含特定的教学概念，如人才培养的主要任务和原则。人才培养的概念在大学的学校管理活动中处于最高位置。它为培训对象规定了培训方向，并反映了培训对象的价值判断和理想追求。以创新型人才的个性化培养为学校管理的指导方针，大学应通过对个性化创新发展的本质、目的和目标的系统理解，将个性化培育作为基础。学校的主要任务和原则是透彻了解学校人才培养涉及的各个领域，如教学、科研、学生工作、后勤服务等，然后通过有效分配资服务于创新型人才的个性化培育。

### （二）凝练独具特色的创新人才个性化培育理念

不同高校独具特色的创新人才个性化培育理念，可以支撑其可持续发展，避免在学校管理中出现同质化现象。在办学的漫长历史中，每所大学都形成了与其他大学不同的"传统优势""比较优势"，以及与其他大学不同的自身特点和发展定位。这些优势、特点和定位都是这所大学的个性化特征。这些大学的特殊表现是一种稀有且宝贵的"资产"，可支持该大学的可持续发展以及教育机制的不断完善。所以，通过凝练独具特色的创新人才个性化培育理念，我们应该遵循这所大学的个性特点，而不是泛化一些广义的概念，以避免人才培养机制的同质化。很难想象，大学教育中没有个性概念的学生会具有创新能力和独特个性，这实质上可以被看作是人才培养中的一种缺陷。

正如前文所分析指出的，马克思关于人的个性发展理论为我们揭示了每个人与众不同的个性存在及个性发展的必要性与必然性，为个性发展特别是人的心理品质、性格特征、感情世界、行为方式和自我意识的形成和发展提供了宏观的哲学理论基础和认知问题的有效启示。个性发展成为个体发展不可回避的重要命题，同时，个性的发展是主体在一定的社会环境中积极作为的过程，客观环境影响着个性的形成、发展与完善。"多元智能理论"也从心理学层面告诉人们，每个人至少具备八种智能，即语言智能、逻辑-数理智能、视觉-空间智能、身体-动觉智能、音乐智能、自知智能、人际交往智能和认识自然智能，且每一种智能都有其独特的运行方式和表现形式，衡量人才的标准应当多元化、突出人才的个性化。不仅如此，西方发达国家特别是美国的高校普遍形成了定位清晰、特色鲜明的创新人才个性化培育理念。高校在凝练创新人才培育理念时，可以借鉴上述研究所得。

## 三、调整创新人才个性化培育的方式

建立具有鲜明特色的创新型人才的个性化培养理念后，高校应立即调整现有的培训方式，以满足创新型人才的个性化培养需求。最重要的是进行适应专业环境和课程设置的改革。

### （一）专业设置及选择上应当更有弹性空间

当前我国高校对于专业的设置主要延续了20世纪50年代全国院系大调整时期的做法，这些做法又源于苏联大学的模式，即在学生入学之初进行专业分流，专业设置注重专业化、注重与现实工农业生产的对接。这些做法有其历史必然性和现实紧迫性，短期内为工农业生产输送了大批专业型人才，缓解了国民经济发展对专业型甚至专家型人才的渴求。然而这一模式的弊端也逐步显现出来，主要表现在所培养的毕业生过度强调专业性而弱化了综合性，学生不能自主选择理想的专业进行学习，培养过程忽视了综合素养的提升而使得毕业生的知识面狭窄、创新能力不足。

高校要想源源不断地培养出具有个性特质的创新人才，就应当以马克思个性发展理论为指导，借鉴"多元智能理论"以及学习产出理论和美国高校创新人才个性化培育经验，对现有的人才培养方式进行变革。在专业设置上可以减少专业数量、扩大设置口径，打破当前专业设置过细的现状而强调学科的交叉和知识的综合，从社会需要和学科发展的角度提高专业的适应性。此外，在专业选择上为学生提供便利，这种便利不仅要为学生自主选择理想的专业提供可能，还应该在专业确定的时间上适当延迟，使得学生在入学后经过一段时间的学习、通过一定的了解通道尽可能地自主确定专业，如一年级以通识课程的学习为主，二年级再自主选择理想的专业，这对现行的专业设置和课程设置提出了极高的要求。

（二）课程设置应当适应创新人才个性化培育需要

专业课程的调整和优化主要体现在两个方面：专业课程的结构和专业课程的内容。在方案结构方面，应减少必修课程的比例，并应增加选修课程的权重。最主要的是要准备大量高质量的选修课程，以便学生可以根据自己的专业和个性选择自己的课程，而不是在学校学习大量的课程。同时，减少专业课程的比例，并增加普通课程的权重，主要在于建立大量自然科学、人文科学和社会科学方面的通识课程，以选修课的形式由学生完成一定学分课程的学习，跨学科、宽基础地掌握尽可能多的知识门类，不仅可以帮助学生拓宽视野，还可以引导学生找到自己的个人爱好，为将来的专业打下基础。

另外，必须优化课程的内容。不言而喻，应该使用专业课程、通识教育课程来提高质量，专业课程和通识教育课程之间的过渡也应该是研究和实践的重要课题。具体而言，专业课程应紧跟学科发展和职业发展的未来趋势的边界，并注意跨学科专业课程的挖掘。总的原则是尽可能地打破相关学科的专业障碍，并开发紧跟学科边界的专业课程。创新型人才个性的培养提供了坚实的基础。通识教育课程应在当前的思想政治理论课程、外语课程、体育课程和其他公共基础课程的平台上发展。而且，在自然科学和社会科学领域的通识教育课程的发展，特别是通识教育的发展人文和社会科学培训课程是迫在眉睫的。与此同时，在专业课程和通识教育课程的发展基础上，两种课程的过渡也应成为高校重视的纽带。

## 四、完善创新人才个性化培育的体系

成熟的创新人才个性化培育体系应当充分考虑教学组织便于创新人才的个性化培养，应当以因材施教为原则完善导师制、科研制、学分制、实习制等一系列与教学组织相关的制度体系，落脚点还是从培养体系上保证创新人才个性化培育。值得指出的是，当前国内大学由于条件的限制和发展的不完善，很难在短期内打破传统的以灌输式课堂教学为主教学形式的藩篱，然而，创新人才个性化培育最为关键的导师制、科研制、学分制以及实习制等制度应当作为创新人才个性化培育得以突破和提升的有力武器。

（一）完善导师制

首先，是做好导师系统的高层次设计，探索在学院和大学两级建立一个二级导师委员会。学院级别负责了解指导者系统的方向，设计系统，确保条件并建立交流和改进指导者的平台。大学水平重点在于选择合格的导师,组织导师进行教学活动,收集学生对导师的意见和建议以及评估导师的工作。其次,是实施导师制度的运作机制,范围从导师工作的计划和组织,导师的评估和人数,周期的频率,内容的范围,等等。以学生为导向,一切都应根据每所大学的传统和现实条件来完善。

### (二) 完善科研制

高校在实施个性化创新人才培养过程中,应特别注意对学生人格特质的探索和发展,通过导师要求学生参与甚至完成个性化创新人才培养的目标来实现。独立的科研项目。首先,是可以在计划中设置特殊的科学研究课程,以引导学生从科学研究的一般规则中培养科学思维和良好的研究习惯,并帮助他们发展技能。积极参加科学活动。其次,是增加科学研究课题、研讨会、交流和其他课程的权重,并根据专业特点将学生的研究活动纳入教学计划。

### (三) 完善学分制

学分制是实施选修系统和科学研究系统的保证条件之一,它还可以合理地协调选修课程与必修、普通和专业课程、理论和实践课程之间的关系。实验课程、专业课程的选择,使学生能够做到这一点。在课程选择上有更多的自主权和选择权,因此学生有可能因其人格特质而补充自己的学习习惯与意愿。有专家指出,选课制是学分制存在的基础,学分制有两个主要方面:教师分配制度和学生身份管理制度。因此,在完善学分制时,高校应将人事制度改革和学生管理制度改革结合起来考虑。

### (四) 完善实习制

归根结底,高校培养的创新型人才应该回归社会,为经济发展服务。个性化培养创新型人才的目的是根据学生的个人特点来教他们。最终,他们必须更有效、更高效地为生产实践服务。因此,高校在人才创新中应注意建立和完善实习制度,使受过实践培养的学生能够更好地适应未来社会的发展趋势和用人单位的实际需求。在特定实践方面,我们可以向美国大学的成熟实践学习。特别是对于工程专业的学生,我们应着重与本地大型公司的合作。另外,聘用公司工程师作为学生的公司指导者,在大型研发公司中申请研究项目。最终学生在实习期间的结果将进行评估并转换为学分。

## 五、加强创新型教师队伍建设

创新人才个性化培育的核心是全面素质的培养和健全人格的塑造,创新型教师队伍建设是提高学生创新能力的关键因素之一。创新人才不仅需要掌握专业的基础知识,还要具备一定的实践能力、科学的思维方式、勇于探索和敢于创新的意志品质。高校教师必须具备一定的科研能力,教师的科研水平往往与创新能力直接相关,完成的项目数量与质量体现了教师的创新能力及学术成就。高校教师不仅要具备科研能力,还要具备教学能力,需要了解其他学科的相关知识。教师需要做的不仅仅是单纯的知识传授,而是要引导学生进行问题的思考以及创新能力的开发。教师要能够运用自己的知识、经验和能力,去了解和研究教育对象的特点,充分考虑教育对象的个性特点和差异,尊重每个学生的意愿和兴趣爱好,尊重其个性特长,并尽量提供与不同特征学生相适应的有效学习机会。

加强教师队伍建设还应当树立新型师生民主平等的教育观念体系,以能满足学生自尊和自我实现的需求。在平等合作的师生关系中,教师通过给予学生公正的评价和鼓励,优化学生的心理素质,增强学生的自尊与自信,提高其适应能力。民主平等的师生关系可以满足学生在学习生活中的愉悦感与憧憬感,激发每一位学生对科学、道德、艺术等人类精神文明成果的兴趣和热爱,培育学生内心的学习需求,形成学生探求创新的心理愿望和性格特征。当前,加强教师队伍建设应当着力解决好以下几个问题:

### (一)解决教师评价考核制度及职称评定机制不合理的问题

目前,各高校对高校教师的管理和评价主要采用一种维持教学秩序、防止教学事故、依照固定程序晋升等常规性、事务性的评价方式,导致教师工作成果的价值完全取决于指定的评价指标而忽略了教师发展的主体价值。教师对创新人才个性化培育没有意识,或有意识但没有积极性。

### (二)解决教师队伍结构不合理的问题

随着高等教育的普及,高校教师的数量呈现快速增长的趋势,教师人事管理数字化、行政化倾向严重,多数学校更关注教学科研型和科研型教师的队伍建设,对教学型及应用型教师队伍的建设缺乏重视,这导致很多教师更重视科研而忽视或应付教学,这显然对创新人才个性化培育是极为不利的。

### (三)解决高校内部学科建设不平衡的问题

教师队伍建设是学科建设的基础,学科之间建设不平衡会影响到教师的发展。高校在资源有限的前提下将更多资源投向重点学科,而非重点学科经常面临资源短缺的问题。我们知道,学科交叉融合有助于催生重大科学成就、培养拔尖创新人才,而人为划分重点学科和非重点学科,使学科之间产生机制壁垒,各自相互独立发展,难以融合。资源分配不均、学科建设不平衡，将导致所谓的非重点学科每况愈下。因此，高校必须从创新人才个性化培育的角度出发，打破传统高校各个学科之间相互独立发展的障碍，通过交叉发展加强学科融合，进而推动教师能力的提升。

## 六、构建高校创新人才个性化培育平台

高校创新人才的个性化平台需要建立在高校的已有资源上，是广泛汇聚政府、科研机构、地方企业等社会资源，协同进行创新人才个性化培育的载体。平台运行的本质在于资源的整合和优化，瞄准科学前沿和国家发展的重大需求，主动与地方经济发展相结合，充分发挥各自优势，搭建稳固的"学校-社会"合作平台和良性共赢的利益共享机制，满足创新人才个性化培育需求。高校的职能是为经济社会发展培养拔尖创新人才，创新人才个性化培育同样需要在学校和社会两个环境中进行。高校作为创新人才个性化培育平台构建的主体，在学科建设和人才培养方面具有独特的优势，能为平台的运行提供技能人才、设备等资源的储备。高校要善于利用平台优势，将各种社会资源转化为高校创新人才个性化培育的优势，转化为提高教育质量的"催化剂"。社会作为构建创新人才个性化培育平台的主体之一，在资源融合、技术研发、人才培养、学术交流等方面提供平台。高校依托社会资源，构建资源融合平台、技术研发平台、人才培养平台、学术交流平台，有效进行创新人才个性化培育。

### （一）产学研协同创新平台

产学研协同是指产业发展、人才培养和科学研究三方功能的协同。产学研协同创新，体现了科技、经济一体化和知识经济的本质，是建设创新型国家、提高我国产业核心技术创新能力的新思考，也是提升大学和科研机构服务产业与社会发展能力的关键。

高校协同创新的本质就是新的知识生产模式，即高校以及其他科研机构、企业、政府三者在发挥各自的优势、资源的前提下，进行技术、机制、体制等创新，最终达成三方共赢。高校是产学研协同创新的重要结合点，企业是产学研协同创新的积极参与者，政府是产学研协同创新的重要推动力量。

创新人才的创新素质形成是一个由个人、社会及学校共同参与的系统工程。创新人才个性化培育也是一个系统工程，需要建立一个由个人、社会及学校共同参与的联动体系。这个系统包括学校的创新能力培育体系和社会实践中的创新能力培育体系。在学校的创新能力培育体系中，学校如何选择培育内容、机制、模式，受到多种因素影响：一是学生的特点，二是高校的特色。高校培育的对象，无论是本科生还是研究生，他们的文化素养渐渐专业化，有一定的社会认知，并渴望参与社会实践，人生观、价值观逐渐形成，处于创

新人才形成的加速期，因此，培育的内容应该侧重于理论素养和实践素养等方面。高校通常可分为研究型高校、教学与科研并重型高校和教学型高校。学校不同，在资源拥有方面存在不同的特点，对创新人才培育的理解和实施也会有所不同。高校通过发挥人才资源、学科优势、设施设备及科研环境等方面的突出优势，通过基础研究和应用研究更好地结合，通过与社会（企业、政府）的有效合作，成为国家创新体系中的重要角色。企业是创新的积极参与者，高校培育的创新人才多数流向企业，或为企业服务，企业有责任也有义务为高校创新人才的培育提供便利。政府是创新的重要推动力量，高校创新人才的培育离不开政府的支持，政府可以促进高校与企业的密切合作，为创新人才个性化培育提供必要保障。

### （二）校企合作平台

高校创新人才个性化培育离不开与企业的合作。在校企合作中，企业和学校是两个具有不同性质的组织：学校重在培养人才和知识传授，企业则专注市场、获取利润。企业科技创新方面的优势在于资金及其对市场的精准把握和迅速将成果转化为现实生产力的能力，可以通过资金投入、提供需求、共同研发对校企合作的方向和进展产生重要影响。企业利用高校的力量降低创新成本的风险，寻找更有效的竞争方法而利于生存。现代大学不仅培养学生从事研究工作，还致力于将知识有效转化为使用价值。高校通过发挥人才资源优势、学科优势、设施设备及科研环境方面的突出优势，通过基础研究和应用研究更好地结合，与企业合作迅速实现成果产业化。高校生产的科研成果对企业创新的作用起着关键的基础作用，知识经济时代很多产业的知识大部分都来源于高校的科研成果，企业只有不断提高吸收外部知识的能力，才能充分利用高校的公共知识。两者有机结合，共同构建创新人才个性化培育平台，共同培育拔尖创新人才。

#### 1. 与高校衍生企业进行创新人才个性化培育运行模式

高校的衍生企业是指企业以高校为母体，将高校科研成果转化后从事产品或服务的企业。它具有两个鲜明的特征：一是企业的创建者来源于高校，由高校学者个人创办或高校组织发起创建；二是高校科研成果的转移是企业赖以生存的基础，企业是高校知识溢出效应的直接受益者。成功的衍生企业不但为高校带来丰厚的经济收益和办学资金，带给学校毕业生更多的就业机会，为在校学生提供更多的实验和实践平台，也对提升行业技术发展水平、提高大学社会声誉、促进地区经济发展发挥着积极作用。

#### 2. 与校外企业合作进行创新人才个性化培育运行模式

与高校的衍生企业不同，校外企业对学校没有依赖性，利益相关度不大，企业的积极性不高，因此在校企合作中，高校应积极主动。事实上，高校与校外企业合作也是提高高等教育质量、提升企业竞争力、培育创新人才的重要方式。校企合作强调以知识增值为核心，知识增值可以促进校企双方合作的可持续发展，主要表现为知识增值可以满足学校和企业不同的目标。对企业来讲，能以更低的成本获取创新资源，实现从封闭式发展向开放式发展的转变，引进现成的技术人才，解决生产和经营过程中的问题。对高校而言，通过合作，可以将知识转化为资本，以较少的科研投入获取较大的科研回报，同时，企业提供了学校所不具备的生产实践流程，为创新人才个性化培育提供平台。"知识共享能够提供反馈问题的机会，扩大信息和经验的传播范围。不同的人之间的知识分享可能引发新的想法，提出创新的解决方案，从而提高创造力。"

校企合作的主要方式有如下几种：

第一，共建研发中心。共建研发中心是高校和企业合作的重要途径，以企业为主体，以市场为方向，把生产、教学和科研结合在一起，建立长期而稳定的校企合作机制。研发中心的建立，不仅仅着眼于科研合作，而是在科研合作的基础上着眼于个性化创新人才的培育。

第二，企业介入人才培养全过程。及早介入学校人才培养方案的制订，根据学生的特点共同制订个性人才培养方案，共同参与学校的课程建设，共同研讨课程标准，共同出版教材，共同评价或考核学生。

第三，聘请企业专家担任学生学业导师，或与校内教师联合指导学生学业；企业资深人士深入学校开设讲座，或进课堂为学生授课；企业为学生提供实习岗位、实训基地，为学生社会实践、素质拓展训练等方面提供便利。

### （三）其他平台建设

#### 1. 创新实践平台

高校应当充分利用校内人才和物质资源，建立具有本校特色的创新人才个性化培育平台。这类平台一般包括大学生创新创业实践教学基地、大学生创新创业实践研究与培训基地、大学生创新创业实践活动基地、大学生创新创业模拟实践基地、大学生创业训练实践基地、大学生创业示范园等。丰富多彩的校园文化活动是校内创新人才个性化培育平台建设的一个重要组成部分。学生校园文化活动是培养学生创新意识、开发学生创新能力的重要举措。学生可以根据自身兴趣爱好、特长等个性化的具体情况，选择适合的校园文化活动并积极参与其中。校园文化活动不能流于形式，而是要进行科学的指导，使其真正成为激发学生创新精神、培养创新思维、提高创新能力的重要手段。

## 2. 学科竞赛平台

校内外各项竞赛活动为创新人才个性化培育提供了一个很重要的平台，高校应当经常举办校内各项竞赛类活动，还要鼓励学生积极参加校外的竞赛活动。这些竞赛活动的举行，对培养学生创新意识、创新精神，提高创新能力起到重要作用。竞赛活动一般包括学科类竞赛活动、学术作品竞赛活动、专业技能竞赛活动、创业类竞赛活动等。

## 3. 开放实验室平台

开放的实验室为学生创新能力的发挥提供了必要的场所，这些实验室应能做到随时向学生开放，并有教师指导，为创新人才培育提供个性化服务，而涉及的资金问题也应当得到学校的特别资助。

总之，在高校进行创新人才个性化培育之路上，应当充分挖掘能激发学生创新意识、培养学生创新能力的各种资源搭建平台，分门别类地满足不同个性学生的学习和实践需要，从而为人才培养助力、为具有个性的创新人才的脱颖而出助力。

## 七、发挥个性化思想政治教育的功能

所谓个性化思想政治教育，是指一定的阶级、社会及组织，以受教育者的个性特点、兴趣特长为基础，围绕其职业规划、个人发展需求，引导受教育者认同一定的思想观念、政治观点、道德规范而采取的多形式的社会实践活动。高校创新人才个性化培育模式呼唤个性化思想政治教育的出现。

### （一）掌握学生实际

学生实际是个性化思想政治教育实施的基础。从人才培养目标看，可以将我国高校笼统地分为研究型大学和应用型大学。此外，大学生又由于年级的不同而在思想表现方面显得不同。因此，高校在进行个性化思想政治教育之前，应当首先掌握学生的实际，从专业特点和年级特点入手，贯穿创新人才个性化培育理念，配合创新人才个性化培育体系，整体规划和系统构建以社会主义核心价值观为主要内容的思想政治教育系列活动。

### （二）学涯规划导学

根据中国职业规划师协会的定义，大学生职业生涯规划是指学生在大学期间进行系统的职业生涯规划的过程，包括学习规划和职业规划，影响着大学生求学期间的学习质量和未来职业发展质量。大学生成才意识普遍强烈，除了接受学校系统的第一课堂学习训练之外，优良的职业生涯规划将引导大学生整体协调好第一课堂与第二课堂的关系，全方位、多维度提升成长成才质量。具体来说，高校应在常年、适时开展社会主义核心价值观教育基础上，从大学生教育和管理的角度出发，针对大学的不同阶段、各年级大学生的不同特点制定各有侧重的三个教育管理模式。一年级学生以"适应性教育"为核心，关注高中到大学之间的过渡衔接，注重良好学习习惯、生活习惯的养成，逐步形成今后的职业发展期望。二三年级以"发展型教育"为重点，考虑专业的特点系统规划学习生涯，理工科学生应当引导其参加各层次的学科竞赛、实验竞赛，参与一定的科研项目，人文社科类学生应当鼓励其进行社会调查、聆听报告等，结合专业特点有选择地阅读相关书籍。四年级学生以"分类化指导"为原则，注重毕业后选择就业、创业或者深造学生的分类指导，并推出就创业知识讲座、考研经验交流会等活动，满足其不同需求。总之，对大学生进行职业生涯规划，就是将大学生的学习规划、职业规划与经济社会发展、职业要求和行业需求相结合，尊重学生的个人选择而进行分类指导，体现个性化思想政治教育的生命力。

### （三）完善考核体系

我国高校对于大学生的考核，除了考试评价体系外，还主要包括学生管理规定和行为准则体系、评优评先体系、奖学金考核评价体系、助学金考核评价体系、贫困生考核资助体系等，奖助学金又涵盖了国家级奖助学金、省级奖助学金以及校级奖助学金。科学完善的各类考核体系，规范了大学生的在校行为，在创新人才个性化培育方面将起到指挥棒式引导作用。在诸多考核体系中，高校应当贯穿创新人才个性化培育理念，考虑创新人才个性化培育的方式和体系，将前文提及的大学生职业生涯规划系列要素囊括其中，形成连贯系统、相互衔接的科学考核体系。例如，一年级"适应性教育"阶段中涉及的良好的生活和学习习惯方面，可以将上课考勤、宿舍卫生等要求做硬性规定；二三年级"发展型教育"阶段，应当将学生参加各层次、各类别的学科竞赛、专业竞赛、实验竞赛，以及参与科研的情况、听取学术报告的场次、参与社会调查的成果等做规定性要求；四年级"分类化指导"阶段，可以将学生参与第二课堂活动的内容加以涵盖。如此一来，大学生的行为有了方向和目标，所取得的成绩也得到了学校的认可，潜移默化之中完成个性化思想政治教育的目的，助力高校进行创新人才个性化培育。

### （四）丰富激励手段

根据人力资本相关理论，所谓"激励机制"是指在组织系统中，激励主体系统运用多种激励手段并使之规范化和相对固定化，而与激励客体相互作用、相互制约的结构、方式、关系及演变规律的总和。高校构建创新人才个性化培育模式，除了完善现有的考核体系外，还应当丰富现有的激励手段。一般而言，激励主要有物质激励和精神激励两个方面，大学生创新人才个性化培育应当更注重精神激励。此外，高校内部的表彰宣传因为更贴近学生实际而显得效果更好，身边的榜样、朋辈的力量都能给大学生成长成才输送正能量。此时，高校根据办学和学科特点构建富有特色的各类激励体系，如邀请杰出校友、创业成功校友、考研成功学生或者在创新领域取得一定成绩的毕业生在一定范围内与在校生进行交流，再如对创新有所成绩的在校生通过报告会、交流会、表彰会等形式进行宣传等，这些都是个性化思想政治教育得以实现的有效途径。

### （五）个别辅导跟进

所谓个别辅导，是教育者根据学生的个别需求，针对学生个体情况，进行具有私密性质的个别谈话。个别辅导是对高校宏观层面的思想政治教育的一种有益补充，更能体现个性化思想政治教育的效能。通常，学生在求学阶段会面对各种各类问题，大的方面诸如职业生涯规划、申报创新项目、就创业等，小的方面诸如宿舍同学关系协调、恋爱受挫、权益受损等。不管是哪一方面存在的疑惑，大学生都希望得到辅导员、班主任的帮助，此时，个别辅导就十分必要了。个别辅导应当给学生充分倾诉的自由，注意谈话双方的平等和尊重，肯定学生的成绩和闪光点，合理运用思想政治教育原理中的"说理引导法"，根据不同学生的不同需求，有针对性地提出他们信服的解决方案。这对进行个别辅导的辅导员、班主任则提出了极高的要求，他们不仅要通晓宏观政策，还要了解学生实际，更要掌握沟通的艺术。高校应当通过专业的培训使得辅导员、班主任能够从事个别辅导，更应当建立起个别辅导的正常渠道，如引导辅导员、班主任考取国家心理咨询师执业证书，提供个别辅导的场地，计算个别辅导员的工作量等，使得个别辅导这项个性化思想政治教育手段发挥更好的效能。

## 八、挖掘隐形教育在创新人才个性化培育中的作用

从创新人才个性化培育角度来看，除了培养理念的树立、培养方式的调整、培养体系的完善、个性化思想政治教育的改进等显性教育以外，诚信教育、感恩教育、第二课堂活动、宿舍文化建设等隐性教育也应当成为教育者重视的环节。如果在人们的文化高度看隐性教育的功能，那么毫无疑问，隐性教育将在提高人们的素质和促进人们的全面发展方面处于中心地位。的确，创新型人才的个性化培养必须是和谐人格的培养。和谐的人格是创新型人才的重大突破、是回报社会以及造福人类的基石。隐性教育的重要功能之一是促进学生和谐人格的形成。

### （一）强化诚信教育

诚实作为人类宝贵的无形财富，将影响人们的生活。大学是国民教育系列中的最后一

个环节,也是人才进入社会之前最关键的阶段。特别是如果想培养懂得诚实和负责任的创新型人才,则应该系统地开展诚实教育。首先,应当公开教育诚信的重要性,并应通过教师介绍、展示面板、契约和诚信活动营造诚信氛围;其次,应当通过制度的完善和流程的细化,使得大学生在奖学金评定、助学金申请以及贷款取得时强化诚信的观念,杜绝可能失信的制度漏洞;最后,必须特别注意学术诚信教育,例如,参与、主持科学研究项目,参与交流和考试项目以及基于质量诚信原则积极展示学生的诚信品德,这也是确保其创新活动成功的必要条件。

### (二) 强化感恩教育

不管是创新人才个体取得成绩,还是创新团队获得成功,无不凝聚了国家政策的扶持、社会各界的关注、教师的辛勤付出乃至家长的殷切嘱托,因此,高校在创新人才个性化培育时不能放松对其进行感恩教育。感恩教育正是教育者运用一定的教育方法与手段、通过一定的感恩教育内容对受教育者实施的识恩、知恩、感恩、报恩和施恩的人文教育。高校应当大张旗鼓地开展感恩教育活动,利用诸如主题班会、交流讨论会、征文等常规手段,还可以利用新媒体的优势依托学校官方微信、官方微博等平台讲述感恩故事、开展系列讨论,在潜移默化中达到育人的效果。

### (三) 重视第二课堂活动

我国高校的第二课堂活动作为第一课堂的有益补充,长期受到学校的重视和学生的欢迎,各类文艺类学生社团、体育类学生社团、学术型学生社团、理论类学生社团常年活跃在大学校园之中。高校在进行创新人才个性化培育时,应当将第二课堂活动为我所用,宏观上注重引导各类社团的创新意识培养,微观上重点扶持与学科相关的专业性学生社团的发展,从经费、政策等方面予以扶持,作为对课堂教学的补充而长期存在。例如,一些高校成立了"机器人协会",一般都是由志同道合的学生组成的兴趣小组,此时,如果通过聘请专业导师、给予资金扶持、鼓励科技创新,那么,必然对学生的创新能力和科研攻关水平起到很好的促进作用。

### (四) 重视宿舍文化建设

目前,中国大学的宿舍区主要起到住宿的作用。最好学习西方发达国家,尤其是美国大学的惯例,升级现有的宿舍设备并扩展其功能,允许学生进行学术交流。使住房从原来的住宿功能转变为提供生活、学习和娱乐之地的整体功能。甚至还可以在宿舍片区引入一定数量的导师采取值班的方式入住,为学生生活、学习特别是小型研讨提供咨询参考。简言之,高校应利用一切隐性教育资源,参加创新人才的个性化实践培训,不断为国家培养和输送大批具有个性特色的创新人才,促进中国梦实现。

## 第三节 基于高校现实的可选项目

国内外许多大学通常重视创新教育。为了培养各个专业领域的高素质人才,高校需要树立问题调查和创新思维的观念。伴随国际市场竞争的加剧,产品和技术创新已成为企业获得优势的主要手段。公司特别希望以强大的创新意识和强大的创新能力吸引毕业生。可以说,创新教育本身就是大学的使命之一。知识经济的发展和产业链中劳动分工的细化,使具有独特创造力、知识和技术的个人能够开办自己的企业。因此,从创新型人才培养所涉及的内容的丰富性和所涉及对象的相关性的角度来看,个性化的人才培养模式可以整合为四种类型:课程优化模块、分级定向模块、平台搭建模块和协同提升模块。

### 一、课程优化模块

该模型涉及的范围很小,在课程组合和学分建立方面,主要表现出一定程度的选择性和灵活性,既简单又实用。例如,前文中提及的美国哈佛大学、加州大学洛杉矶分校、斯坦福大学都以通识教育课程改革为切入点,对课程设置进行优化。在中国高校的具体实施中,最初始的课程模式是改革特定课程或一类课程的教学方法,以适应培养创新型人才的需要。如"贯通式的教学模式"设计,将课程按属性设计成不同模块,并通过一系列的理论和实验教学组合来提高认知能力和分析能力。一些学校对培训课程进行了改革,以适当地调整通识教育、职业基础和专业课程的比例,拓宽应用和实践课程的学分构成,并建立灵活的创新型人才课程体系;一些学校正在实施双重专业的1+1复合课程体系,利用自身的专业知识或学科优势,培养创新的复合人才,他们不仅要掌握传统专业的理论和实践,还要掌握与技术的融合,多学科知识的整合拓宽了知识范围和创新型人才的应用范围,使得课程优化模块成为高校构建创新人才个性化培育的首选项目。

### 二、分级定向模块

本模块针对不同年级学生特点,定向设置有针对性的培养课程、参与项目和实践方式。相对于课程优化模块,分级定向模块是以不同年级学生为考查重点,关注年级与年级之间的培养衔接,逐步推进专业培养目标和创新能力的提升。针对大学新生,学校设置暑期实习计划,将其中的优秀学生派往包括金融、生物、建筑、电子等各个行业的知名企业，延请本校校友担任导师指导学生开展工作；针对大二学生设置本科生实践机会计划，与企业签订合作协议，让学生完成企业的研究项目，或将企业的项目带回学校实验室完成，有时也会将企业工程师请至学校进行专项指导；针对大三、大四的高年级学生，学校鼓励学生自主创业，学校会给予他们大力的支持。另外，学校还设置独立活动计划，每年编制大量的科研课题提供给学生选择，学生可以在一个月左右的时间内，自由选择在校内或校外完成。国内高校如华南理工大学也设计了类似的分级创新培养模式，针对低年级学生设置"本科生暑期校外实践"项目，针对高年级学生设置"校企"联合培养计划和学分互换计划。前者学校和企业共同承担学生相应课程的开设，共同指导学生完成研究项目；后者则针对高年级部分必修课程采用"免修不免考"、项目换学分的方式来进行。

## 三、平台搭建模块

本模块将学分设置、课程计划、创新项目、实践基地、科技园区等要素进行深度融合，形成多样化、层次性、递进式的创新人才培养平台，不同类群和发展需求的学生都可以借助多种平台和培养方式参与到创新的教育教学活动之中。

## 四、协同提升模块

本模块在于解构"第一课堂和第二课堂"的关系、打破"校内和校外"的界限、改变"教师和学生"角色，形成"面向学生能力提升、适应市场人才需求、突出产业科技前沿、整合参与主体资源"的协同运行体系。传统模块中，第二课堂承担较多的创新培养任务，如相关课程、素质教育、暑期实践、社团活动，以及各种各类的实训竞赛等，常常是学生在课余时间参加，与专业理论课程的兼容性较弱，项目主题常常是学生个人或小组的兴趣，与教师的科研项目、产业科研的关联度不大，教师的角色一般是辅助性的、间接性的。而在协同推进模块中，上述活动直接被纳入第一课堂体制当中，课程可以直接获得专业主修课程学分，社团活动、暑期实践、实训竞赛围绕科研项目和企业实际问题而设置，或面向前沿或来自应用。教师不仅是辅助者，而且是引领者或团队伙伴。传统模块中，高校个性化创新人才培育以自我为主，校外合作方（如企业、园区）介入的程度有限，更多地表现为实习场所、实践基地作用。即使该企业与学校有所合作，参与更多的是教师而非学生群体。而在协同推进模块中，企业、园区将被深度纳入个性化创新人才培育过程中来，各类校企合作平台、孵化基地建设，实现大学生创业项目孵化、产品试验等直接与企业需求对接。

以上对目前国内外高校采用的个性化创新人才四类模块的归纳，是基于公开文献和材料总结而成的。尽管划分为四种类型，主要考察的是各类模块的组织形式、参与群体、运行特征等因素，但绝不是单指某类模块是优秀的而另外模块就是落伍的。率先或尝试开展创新人才培养的学校或学院，从自身可操作性或投入人力物力的角度，往往都选择课程优化模块，结合长期积累的学科优势和专业特色，为学生补充相关领域的知识和信息，不仅对学生本专业的学习提供拓宽视野的帮助，也能够推进学生理论应用与实践能力的提升，同时，通过不同学科知识的交流碰撞有助于提升学生的创新能力；对于长期有着创新传统、科研面向实践应用优势的学校或学院而言，利用已然形成的产学研合作平台，教师和学生都卷入其中，通过来源于企业实际需求的项目引领科研课题的设置，借助引入课堂的理论教学、课外的实践训练，并延伸至创新活动，从而使得分级定向培养模块、平台搭建模块更加便于实现；对于着手开展教育教学改革的学校和学院来说，则试图通过学校培养理念、专业培养方式的重新定位和设计，以面向社会需求为引导，将第一课堂教学和第二课堂拓展相结合、校内教育和校外资源相结合、理论传递和实践应用相结合、科学研究与企业应用相结合、共性培养和个性发展相结合，从而形成协同提升的培养模块。

## 第四节 基于高校人才培养价值的转变历程

现代大学的真正开端始于19世纪初的德国柏林大学。创始人洪堡认为，大学应该通过科学研究、教学与研究相结合的方法去追求纯粹的知识，所以继人才培养之后，科学研究成为现代大学的职能之一。经过19世纪末20世纪初美国对现代大学体系的巨大创新和发展，大学在进行人才培养和科学研究的同时，其所创造的新知识被传播给广大民众，让这些知识能够解决社会、经济和生活方面的多种问题，至此，社会服务被引入大学校园。所谓人才培养、科学研究、社会服务三大现在大学的重要职能正式确立。经济发展方式的转变导致企业需求人才的特征和类型也随之发生改变，而高等教育大众化发展的背景下，不同类群学生的求学动机也日益分化，针对不同需求学生展开差异化的培养也成为高校面对的又一重要选择。由此，未来高校对个性化创新人才的培养需要同时关注满足企业新型人才需求的市场维度和满足职业发展需求的学生维度两个方面，从而拓展现有培养方式和培养功能。

### 一、高校人才培养价值重心的转变历程

19世纪以前的大学功能非常单一，只在教学和传递知识。一般认为，1088年成立的意大利博洛利亚大学是历史记载的最早大学之一。当时，商业和贸易的繁荣、城市的发展，尤其是城市自治的确定，使得文法、修辞成为大学教育的主要内容。中世纪的大学延

续了早期大学的教学理念，重在知识的传递。不过，中世纪的大学开始出现初成系统的课程体系。课程开始分为基础课、专业课，并且在课程体系形成的同时也促进了大学组织制度的发展，比如，文学院是教授基础课的学院，神学院、法学院、医学院是专业学院，是教授专业课程的高级学院。到了文艺复兴时期，人文主义是这一阶段的思想基石，也是这一时期新的教育理念和实践的核心要素。人文主义教育提倡教育应培养"人性"，应具有具体的功利目的，要把人从社会的习俗和职业中解放出来，使人的行动、语言和著作真正地表现自我。

现代大学的发展与工业革命的起源和演进是密不可分的。18世纪，科学开始与工业结合。工业革命初期主要归功于一些没有受过教育的工匠（如动力织布机的发明者卡特莱特等），没有什么科学原理的应用和发现。但是，伴随工业革命的发展，制造业开始对科学产生了极大的兴趣，与此同时，资本对利润的追逐使得提高生产效率成为企业发展的着眼点，很多科学的新进展也都发生在制造业当中。随着流水线技术的越发成熟，以及亚当·斯密《国富论》的传播，规模化制造逐渐成为工业文明的代名词。分工和流水线不仅推动人们成为专注于特定工艺、特定岗位的"机器人"，也开始推进整个社会职能的分类和细化。纽曼在《大学的理念》一书中强调：大学是传授普遍知识的场所。大学从历史上看就是包括所有知识的学校，拥有来自各地的教师和学生。从理论上来说，大学应传授具有普遍意义的真理知识，所以要平等地对待所有知识，把人类所有的艺术、科学、历史和哲学等知识都应该涵盖进来，并赋予每门学科合适的地位；大学教育是心智训练，而不是知识。心智培养就是对真理的认识，所以要自由教育。一旦心智经过正确的训练和塑造，获得一种连贯的见解和对事物的领悟力，就会对个人相应的特殊品质和才能产生影响。经过自由教育训练的人表现为健全的见识，清醒的思维、理性、公正、自制和稳定的见解。大学的职能是教学而非研究。大学的宗旨是对知识的传播和普及，而不是增广和提高。尽管纽曼的观点是对传统大学办学制度的总结，但是，我们依然可以发现大学开始强调对旧知识的批判和对新知识的推崇，同时，对学生的教育开始从知识本身向提升学生心智、启发学生思考转变，可以说，鼓励知识创新、鼓励学生探索，开始成为现代大学的关键使命之一。

后工业经济和虚拟经济的发展再次推进高校人才培养价值重心的演变。如果说，工业经济发展的前两个阶段蒸汽机和内燃机的发明和使用，补充了人的力量、速度、距离优势的话，后工业文明时代的电子计算机、自动化控制技术的广泛使用，则强化了人的效率和灵巧性的提高。科学、技术和产业的联系更加紧密，许多新技术建立在科学突破的基础上，科技革命产生了一系列的新理论、新技术和新方法，催生了一批新的学科，促进了科技结构的变化，而新技术既推动了科学的发展，也推动了产业的进步。大学在新科学、新技术、新产业的巨大变革中逐渐成为主导者和引领者。科学研究不仅在基本理论上向纵深方向发展，一批新理论甚至改变了人们对自然的看法，同时，科学研究在新技术、新材料、新能源以及产业应用也同样取得重大突破。斯坦福大学模式、硅谷的诞生，都是大学在科学研究、技术创新领域占据举足轻重地位的重要指征。大学在科学研究、社会服务的同时，对人才培养的价值重心也逐渐从传递知识向培育创新、鼓励创新、激发创新方向转变，比尔·盖茨、乔布斯等人，以及思科公司、甲骨文公司的创办，都显现了大学创新人才培养的价值和意义。

## 二、新形势下高校创新人才个性化培育的功能拓展

大学人才培养价值重心的变迁，受到社会发展方式、市场所需要人才特征，以及高等教育对个人职业发展的制约力等因素变化的影响。面临全球经济放缓的格局，西方一些发达国家（如美国、德国等）试图通过先进制造业的升级来保持和延展自身经济竞争力，"大数据""互联网+"时代，信息网络技术全面渗透到科技创新和产业升级的不同层面，智能制造和智慧工厂的建设对高素质人才的需求赋予了全新的诠释，中国为针对这一系列变化也提出了相应的制造业升级战略，由此为市场提供高等级人才的高校的培养模式势必需要调整跟进。与此同时，伴随知识的可获得性程度的提高，进入大学不再仅仅是职业发展的唯一通道，高等教育的经历对越来越多的求学者来说其需求和关注点也发展了分野，因此，对新形势下高校创新人才个性化培育功能拓展的分析有必要从企业需求和学生需求两个维度展开。

### （一）制造业升级对人才素质的新需求

美国国家制造创新网络计划、德国工业4.0计划和中国制造2025战略规划都对创新式人才、新型产业工人、高能力工程师等各类高素质人才供给和培养提出了要求。

#### 1. 美国国家制造创新网络计划

金融危机后，美国政府将发展先进制造业提升为国家战略，希望以新的革命性的生产方式重塑制造业，从而推动美国经济再次走上可持续增长之路。

2016年2月19日，美国首份《国家制造创新网络年度报告和战略计划》公布。该计划明确了美国制造创新网络战略发展的提升竞争力、促进技术转化、加速制造劳动力、确保稳定和可持续的基础结构四个子目标，其中，有关加速制造劳动力的子目标主要包括：培养科学、技术、工程和数学等相关工作领域的未来工人；支持、扩展和交流上述领域相关联的中等和高等教育发展，包括资格鉴定与认证；支持州立、地方教育和培训的课程体系与先进制造技能组合要求的协调；先进知识工人的培养，如研究人员和工程师等；确认

并持续发展下一代工人所需的能力。由此可见，美国发展先进制造产业不仅注重技术，更加关注人才，尤其是新型技术员工、创新应用型员工等各级、各类高素质知识员工。

### 2. 德国工业4.0计划

德国在机械制造、自动化工业和软件领域一直处于世界领先地位。伴随网络化和智能化技术的快速发展，德国充分认识到网络技术在工业生产中的应用具有非常大的潜力。2012年初德国产业界提出"工业4.0"计划，认为当前世界正处在"信息网络世界与物理世界的结合"即第四次工业革命的进程中。工业4.0战略的主旨在于通过充分利用信息通信技术和物理信息系统相结合的手段，推动制造业向智能化转型升级，实现设备与产品、生产设备之间、虚拟与现实等万物互联，达到人与人、人与机器、机器与机器，以及服务与服务之间的横向、纵向、端对端的高度集成，促成制造业发展过程中技术创新、产品创新、模式创新、业态创新和组织创新层出不穷。

工业4.0计划对人才提出了新的要求。一是需要交叉人才。这类人才对机械工程等传统工程学科以及信息、计算学科的知识融会贯通，从而成为"数字-机械"工程师。二是数据科学家。这些人才是分析平台与算法、软件和网络安全的工程师，主要从事的工作包括统计、数据工程、模式识别与学习、先进计算、不确定性建模、数据管理以及可视化实现等。三是用户界面专家。在人机互动的工业设计领域，用户界面专家能够根据所需获得的产出目标，高效地整合最低投入所需的硬件和软件资源，或者最小化及其设备的不必要产出，从而达成目标的实现。由此可见，工业4.0计划中对创新人才的需求更侧重于应用型创新人才，能够将新设想、新科学、新理论和新材料快速转化为产品，满足或引领消费需求。

### 3. 中国制造2025战略规划

为加快中国制造产业的转型升级，应对新一轮科技革命和发达国家制造产业跨越发展引发的国际竞争压力，国务院印发《中国制造2025》规划纲要，这是中国全面推进落实制造强国战略的重要文件，也是实施制造强国战略第一个十年的行动纲领。规划纲要指出，中国实现制造业由大变强历史跨越的基本方针是创新驱动、质量为先、绿色发展、结构优化和人才为本。其中，"人才为本"方针主要强调要"坚持把人才作为建设制造强国的根本，建立健全科学合理选人、用人、育人机制，加快培养制造业发展急需的专业技术人才、经营管理人才、技能人才。营造大众创业、万众创新的氛围，建设一支素质优良、结构合理的制造业人才队伍，走人才引领的发展道路"。而论及中国制造2025战略实施的支撑与环节时，纲要特别指出应健全"多层次人才培养体系"，具体要求为"加强制造业人才发展统筹规划和分类指导，组织实施制造业人才培养计划，加大专业技术人才、经营管理人才和技能人才的培养力度，完善从研发、转化、生产到管理的人才培养体系……以高层次、急需紧缺专业技术人才和创新型人才为重点，实施专业技术人才知识更新工程和先进制造"。卓越工程师培养计划，在高等学校建设一批工程创新训练中心，打造高素质专业技术人才队伍。强化职业教育和技能培养，引导一批普通本科高等学校向应用技术类高等学校转型，建立一批实训基地，开展现代学徒制试点示范，形成一支门类齐全、技艺精湛的技术技能人才队伍。鼓励企业与学校合作，培养制造业急需的科研人员、技术技能人才与复合型人才，深化相关领域工程博士、硕士专业学院研究生招生和培养模式改革，积极推进产学研结合。中国制造 2025 战略规划的实现，同样需要展开对各级、各类高素质应用型创新人才队伍的大力培养和建设。

比较美国、德国和中国制造业产业升级发展的规划设计发现，未来市场所需要的创新创业人才更应具备层次性、多样化和高适应性，既需要能引领技术前沿、挖掘市场需求的创意型、灵感型和精英型人才，也需要能够推进创新落地和创新执行的复合型人才。就创新的分类而言，一般可将创新分为探索式创新（也被称为激进式创新、自主创新、引领式创新）和挖掘式创新（也被称为渐进式创新、模仿创新、应用式创新）两类。探索式创新注重的是探索新的知识和资源进行的突破式的、风险较大的创新活动，它可能引发理论、技术、材料，以及商业模式的重大变革；而挖掘式创新则是利用现有知识和资源进行的渐进式的、风险相对较小的创新活动，强调的是对现有科学理论、技术的新兴用途和效率提升。两种创新活动的特征不同，从事创新的人才素质也表现出极大的差异。前者需要的是所谓"Ⅰ型"人才，强调对特定领域的精、专和深，而后者需要的是所谓"T 型"人才，具有某一领域扎实的专业背景，对其他专业领域也有所涉猎，熟悉本专业领域的发展格局，善于将本领域的前沿技术和项目快速推进为产品，满足市场需要。

"Ⅰ型"创新创业人才的成功较高。无论是市场上创业热门人物，还是高校内部各类评比和竞赛的获奖者，都能得到众多瞩目和机会，甚至获得很高的经济回报。"Ⅰ型"人才常常精通于特定知识领域，并对该领域的变化和发展表现出特有的敏锐和判断力，常常因专而执着。"T 型"人才不仅熟悉某类特定的知识领域，还对与此相关的其他领域也能较为通晓，具备较强的综合能力。"T 型"人才在创意、灵感和方向的确定上或许没有"Ⅰ型"人才高明，但是，他们却是科技成果落地、科研项目执行，乃至创业企业运营的中坚力量。"T 型"人才基本特征表现为专业素养、团队精神、执行能力和大局观念。中国传统产业的转型升级，一方面需要高科技的引领，另一方面也需要众多懂知识、善操作、能执行的高素质、高适应性的创新创业执行型、应用型人才。为此，高校在重视"Ⅰ型"创新创业人才培养的同时，也尤为需要强化对"T 型"人才的关注，将其视为个性化创新创业人才中的一类，且是为数众多的类群。尽管在现有的四类培养模式中设置了创新创业课程、创新创业实训项目等，但是，在提升该类人才的综合性、应用型能力上需要紧随市场用人需求和定位做出必要功能拓展。

### （二）高等教育对学生职业发展的效用变迁

伴随政治、经济的快速发展，人民生活水平的提高，职业观和成就观的不断变迁，以及高等教育自身的巨大发展，社会对通过接受高等教育获得的个人成长效用也随之发生了转变。

一是接受高等教育的人数越来越多，高等教育已经从精英教育转化为大众化教育。

二是国外大学求学的便利性不断提高。随着中国经济的发展和收入水平的提高，到国外大学求学已经成为很多家庭可以实现的事情。中国教育市场的庞大和快速发展更是吸引了国际知名高校直接进入中国办学，如昆山杜克大学等。换句话说，未来可以得到高等教育的人数和途径都将增多。

三是高等教育传授知识的可获得性在不断增加。伴随网络技术、大数据时代的深入演化，过去只能通过走进大学校园、走进课堂和实验室获得高等教育知识、专业知识的局面发生了根本变化，人们可以通过网络公开课、国家精品课程网站、众多大学课程网站链接以及慕课等形式不走进校园就能够获得相关专业的知识，在线学习、在线阅读和在线交流为学习大学课程提供了便利。高等教育知识可获得性的提高也变相降低了传统高等教育知识的社会效用，美国米塞斯研究所研究员 Carmen 更是提出了"高等教育是否贬值"的疑问。

高等教育市场的巨大发展和高等教育知识可获得性的提高，使得人们对大学经历的效用认知发生了很大改变。接受高等教育，不只是为了找一份工作，更重要的是能够为自己的职业生涯发展提供什么支撑。以这样的理念看待近期社会出现的大学毕业生"慢就业"和大学生学习过程中休学创业等现象就不难理解。所谓"慢就业"，不能简单地看成畏惧社会压力，或者是不具备求职能力，同样存在觉得需要继续充电、逐步适应社会，以及寻求更好职业发展机会等原因。由此可以证实，新形势下对高校学生的培养同样需要关注学生的个性化特征或类群化学生的共性特征，根据他们的特定需要展开对培养方案和培养方式的设置和实施。

## 三、新形势下高校创新人才个性化培育的模块拓展

产业转型升级背景下企业对各级、各类高素质人才的需求，以及学生在新形势下对高等教育效用的转变，将共同推动高校创新人才个性化培育模式进行变革。提供市场所需要的创新人才和满足学生自身职业生涯发展需求，是培养模式拓展的着力关键，为此相对于

课程优化、分级定向、平台搭建和协同提升四类模块,可以将新模块定义为需求融合模块。

所谓需求融合模块,强调的是按照企业未来所需要的人才的素质和按照学生未来职业生涯发展的能力需要设计培养体系,以企业和市场为导向,以学生发展为中心,实现企业所需人才素质、学生个性差异特征与高校创新创业人才培养手段的对接。一方面,拥有自身的培训体系(甚至自建企业大学),不仅对各级各类员工展开围绕战略推进和绩效执行的培训,同时,对新加盟的员工进行岗前教育。如果高校能够将课程体系和专业教学与企业培训体系进行衔接,对企业吸纳新员工将大有裨益。另一方面,学生并非每一个人都具备探索式创新的潜质,也并非绝大多数学生都怀有强烈的创新冲动。

### (一)高校"I型"创新人才的培养

高校"I型"创新人才的培养还应强化跨学科交流与合作。随着软件和网络领域的飞速发展,人们发现在这些领域明显缺乏优秀的机械、电子和计算机工程师。"互联网+"时代,对人才处理多学科合作的能力提出了越来越高的要求。因为智能制造中的各个环节需要强化交叉合作,这就导致与各环节相关的不同学科之间应当理解对方的立场思考角度和技术方法,在战略、业务流程和系统上采用整体协同的视野分析问题,并提出解决对策。

高校学科、专业之间的交叉实现真正的交叉融合并非一蹴而就,存在的困难是由长期形成的以特定学科为基准的二级学院管理体制运行模式,以及以高校传统学术带头人为引擎的项目管理和团队管理惯例造成。但是,面临"大数据""互联网+"时代的不断发展,单一学科显然无法应对市场和技术的变化,需要多学科系统的交叉合作。

南京大学人文社会科学高级研究院的"本科生驻院研修"项目就是实施学科交叉培养人才的很好的尝试。该项目是南京大学开展"本科生学科交叉研究计划"中的首个项目。项目实施倡导以学生为主体的学术体验,推行"导师+小组"的模式。每名导师指导不超过五名学生的学习小组,学生以"青年研修者"的角色,在导师的指导下,对感兴趣的学术领域进行自由探究。研修项目在招生阶段便体现出跨学科的特色,驻院学生必须由来自其他学科领域的专任导师进行指导。学习小组成员也是来自不同院系、不同年级的同学,甚至是不同国度的国际伙伴。学校还将向驻院本科生优先开放各类国际学术交流活动,建立本科生与境内外高端学者的常态化交流机制,并将在条件允许的情况下,资助驻院优秀本科生赴海外交流。

### (二)高校"T型"创新人才的培养

高校"T型"创新人才的培养应当满足企业对高素质人才需求原则。引入用人单位的全面参与，建立企业与高校之间的培训伙伴关系。未来，市场和企业对识别机会、链接顾客，并且快速开发满足需求产品的人才可能比对纯粹的技术专长更为热衷。即便自身没有，也可以从世界各地招募到原创性的开发伙伴。因此，通过标准化的培训方案所培养的人才，将无法满足极其广泛的市场巨大需求。于是，企业与大学之间建立起长期稳定的培训伙伴关系将是一个行之有效的顺应市场变革和技术变革的方式，开展诸如由工作实习和进修课程组成的短期基础培训项目，强调可转化技能的理工科学习等。校企之间培训伙伴关系的建立，尤其是在一些极具创造性的商业领域将更容易成为现实。通过促进学习和实施适当培训的方式组织工作，可以旨在实现以人为本的理念，促使企业认真思考员工在教育、经验和技能集合上的差异，从而增强个人和企业双方的创新能力。

目前，高校创新类课程通常设置在通识教育或专业任选课程系列中，由学校老师完成。这样的设置对普及创新理念、补充创新知识、引导创新发端具有很强的作用，但是，与学生转换到社会实际问题、企业实践应用仍然存在一段距离。在20世纪六七十年代，社会普遍缺乏具备一定教育水平和技术基础的员工，企业纷纷采用自建夜校、技校的方式，延请教师、工程师走上讲台，开展针对性的培训工作。当下考虑到高校课程设置的历史性和统一性，的确存在与实际企业应用相"脱节"的情况，但是，这种脱节并非理论上的脱节，不过是应用上的不足。为此，高校可以利用慕课、公开课等现代手段，与知名企业、企业大学展开合作，由企业方、专业人士制作课程，纳入学生的教学计划和培养方案，直接与企业大学课程、企业新员工培训课程、储备人才培训项目等衔接，在第二课堂、辅修课程、选修课程、实习环节等方面传递企业信息、技术信息和岗位信息。这样可以使准毕业生或致力于希望去该企业工作的学生在了解和掌握理论知识的同时，尽快了解相关领域的市场发展状况，该类课程的开设还可以与实践类课程、第二课堂、创新竞赛项目设计进行衔接，让更多的学生参与到创新类课程中来，培养出更多理论功底扎实、熟悉市场状况的"T型"创新人才。例如，俄罗斯的莫斯科大学与世界上很多大公司，如英特尔、谷歌、宝洁、斯伦贝谢、LG、三星、Elsevier等联合创办实验室，请企业开展专门竞赛和开发教学大纲，直接参与到本校师生教学和科研活动之中。

总而言之，高校应在国家政策引导之下，结合自身办学特色和人才培养目标定位，通过各种途径构建符合自身实际的创新人才个性化培育模式及相应的集成模块，这是应对高等教育发展完善、助推中国梦早日实现的必由之路。

# 第八章 协同创新视域下高校创新人才的培养

## 第一节 高校人才培养模式

现阶段世界各国对本国教育方面各项事宜的关注大幅增加,各国不断改进其国内各层次的教育体制,针对教育资源和教育设备的竞争日益加剧。我国也顺应世界教育发展革新的大趋势,将培育出具有本国文化特色的专业人才作为我国高等教育领域改革前进的主要方向。为保证教育结果满足国内各企业发展壮大、教育对象全面掌握技能等需求,必须将高等学校的教育模式改进创新。

### 一、人才培养模式的概念、特点及其构成要素

#### (一)人才培养模式的概念

从大范围解释人才培养模式就是指对教育对象进行不同方式的培养策略。而小范围内解释"人才培养模式"一词主要含义是,在不同的培养条件和氛围下,教育出有各类文化特色的受教育者。

泛化论者认为,"人才培养模式就是在一定的教育思想指导下,为完成特定的人才培养目标而构建起来的人才培养结构和策略体系,它是对人才培养的一种总体性表现"。这种诠释是将人才培养模式概念的界定扩大至整个管理活动的范畴内,强调可以在泛化的意义上来使用"人才培养模式"的概念。

中介论者认为,"人才培养模式的内涵,是指在一定的教育思想和教育理论指导下,为实现培养目标而采取的培养过程中的某种标准构造样式和运行方式"。这一解释是将人才培养模式的含义限制在教育行为和管理行为的范围内。如果依据这一观点对人才培养模式进行解释是不完善不规范的,它将人才培养模式的范围大大缩小,限制了教育对象的培养方向。

结合上面从不同角度对人才培养模式概念的解释，本书中对人才培养模式的概括是，在国家相关教育部门规范的教育纲领的引导下，依据预先设定的教育流程完成培养方向更全面的人才教育活动。

## （二）人才培养模式的特点

对于人才培养模式的特点，近年来学者们各有所述，这些观点综合起来主要包括以下几方面：

### 1. 系统性

有学者指出，"培养模式是一个系统，由培养目标、培养制度、培养过程、培养评价四个子系统构成，从总体上勾画出了人才形成的规格，包括知识、品德、能力等在内的网络体系。各个子系统之间是相互作用的，培养目标统摄培养制度、培养过程和培养评价"。

### 2. 灵活性

灵活性实际上就是弹性，即是人才培养模式虽然具有一定的培养目标，但应在实现目标的过程中留出一定的余地，以便于人才培养的具体操作。对于这一点，有学者指出："培养模式的灵活性，一方面表现为对学科或专业特点的关注，另一方面体现为多层次、多规格的培养目标。"

### 3. 多样性

部分教育模式研究人员提出的关于人才培养模式的观点是，要建立适宜的人才培育方案需要有人民群众的支持和社会氛围的指引。这一观点是建立在中国社会特色经济政策的基础上，但目前经济领域的全球化推动人才培育的方向更加多样。

### 4. 中介性

学术界普遍认为，无论哪种类型的人才培训模式都基于某种教育思想，都与特定教育理论的实践、应用和具体化有关。从这个角度出发，人才培养模式也是学校教育者为了在一定的教育思想指导下实现一定的教育目标而进行的具有中间特征的教育活动。

### 5. 可操作性

只有人才培养模型具有很强的可操作性，它才能在实践中得到应用，并且有可能创造出成果。否则，它很容易成为一种教育形式，不能真正发挥应有的作用。

## （三）人才培养模式的构成要素

人才培养模型基于所有人才的培养活动。它主要涉及四个方面，即培养什么样的人、培养人使用的内容、培养人的方法以及培养人的素质和能力。这四个问题也构成了人才培养模型的整个框架，即人才培养模型主要由四个要素组成：目标要素、内容要素、方法要素和人才培训评价要素。

1. 目标要素

人才培育方向的选择要从各方面综合考量，既要考虑社会各主体的需求，也要关注教育对象自身有何种目标。人才培育方向的选择是其他一切工作的首要行为。

①明确人才培育前进的方向，也就是思考自身的教育目标，判断教育行为主要针对哪一主体服务；②关注培育过程的全面，即要对人才进行多角度的教育，最终培育出的人才应是掌握技能和知识更多样的人；③培育素质公民和社会建造者，即人才应是能对社会规定的义务和权利认真执行的公民；④要关注多方面主体对人才的需求状况，即教育培育的人才应首先符合社会形式变化的特征，相关人才不仅能通过所学内容保障生活层次，还能享受生活中的乐趣；⑤注重人才个性化特征的体现，即培育出的人才要具有明显的个性特征；⑥具有现代社会提倡的各类素质，即人才应有社会现阶段强调的上进心和创新等素质。

2. 内容要素

教育内容的概念是指根据预先设定的培育方向，经历筛选进入培育过程的各方面学习内容的综合，与教师和学生的关联度最高，是需要双方配合完成的任务部分；是建立教育双方之间沟通的有效内容；也是各层级学校向教育对象讲解的知识内容和传授各类思想的综合，同时各层级学校借教育内容对学生举止和价值观念方面进行培育。教育内容体现最直接的方式就是课程，各层级学校的课程内容包含范围较广，是国家和各级教育机构根据学生年龄阶段的不同，有针对性筛选的课程。教育内容所指课程主要是教育对象在学校的范围内需要掌握的知识内容。从大范围解释课程的含义是指，各层级学校在国家规定的总体目标的带领下，为提高和培育学生各方面的技能和理论知识而选取的教育内容。从较小范围理解课程的含义是具体到学校内部的某一学科。而根据课程外部表现形式的不同还可以分为显性和隐性两部分，显性课程是教育对象在学校范围内接受的不同方面的教育，隐性课程是学生在除学校的范围内，接受的其他主体对其进行的教育活动，一般提到的课程内容都是指学校教育即显性课程。

对教育内容的筛选要考虑现阶段社会生产状况和文化方面发展进步的程度，同时教育内容也受国家规范的总体教育标准和教育方向的限制，同时还须服务于各方面主体的需求，也须意识到现阶段教育内容选择的合理性持续影响学生后续的发展。

3. 方法要素

培养方法是在一定的教育思想指导下形成的，是一种为实现一定的教育目标而培养人才的方法。人才培养方法涉及广泛的领域，人才培训程序和方法都作为人才培训方法的一部分。同时，在培养方法的范围内，还包括教师使用的教学方法和学生在教师指导下使用的学习方法。根据历史的发展顺序来看，人才培养方法包括：①注入式教育方法；②启发式教育方法；③新行为主义教育方法；④人本主义教育方法。

教师筛选教学方法的标准可以从以下几方面考虑：本节学习内容的特征、学校现阶段的教育环境和设备状况、学生对相关内容的掌握程度和教师自身的教育技能水平等。无论教师最终采用何种教学方法，最重要的都是要考虑学生在这一过程中的参与度。尤其是职业类教育，其对学生实际操作方面的技能要求相较理性知识更多，因此更要重视学生在学习新内容过程中亲身实践的加入。经过许多一线教师的教育实践发现，在教学过程中多让学生动手参与操作，可以更快速地使学生掌握相关内容。

**4. 评价要素**

人才培养评估是对培养过程和达到一定标准的人才的判断。它是人才培养的重要组成部分，对培养目标的制定、人才培养体系的控制及其过程有一定的影响。以培训评估结果为核心，适时调整具体的培养目标、修订专业方向和教学计划、组合合理的课程体系、选择更优的教学方法，为实现最终的教学目标服务，使人才培养模式更加完善。

## 二、高校人才培养模式及其多样化探讨

上文从不同角度对人才培养模式的含义进行解释叙述指出，人才培养模式的选择要结合国家规范的培养标准和具体教育内容等各类要素。同时现阶段人才培养模式的发展状态将持续影响后续人才的培育进程。因此人才培育模式只有更加规范化和科学化，才能真正成为对社会进步有推动作用的有效手段。但在目前的教育状况中，没有某一国家的人才培育模式可以完全适用于世界其他国家教育课堂之中，也没有一类人才培育模式是完全合理、没有弊端的。并且再加之随着社会发展状况的不同，会对人才产生不同的需求，而各学校和教育对象之间也存在一定差别。因此如果想达到预计的教育结果，不能只采用一种人才培育模式。各层次的高校是国家培育各方向人才的主要阵地，在具体的教学过程要随时根据社会状况和国家政策规范调整实际教育模式，最终达到人才培育模式的多样化。

### （一）高校人才培养模式概述

#### 1. 高校人才培养模式的概念

培育各方向的人才是教育行为的主要结果，而现阶段培育出有较高创造和操作技能的专项人才是高层次院校的首要任务。目前我国将高层次教育对象的范围逐渐扩大，将高层

次院校内部的教育体制进行革新,将对院校各项教育事务的管理权归还院校自身。这些关于高校教育具体内容的转变措施,使地方各高等院校成为培育全方位人才的主要基地。因此在目前强调新知识的教育背景下,高层次院校应该重视社会主体对培育人才方面的实际需求,将多个学科的相同内容进行联系,并结合相关内容的具体实践问题,从两方面对学生进行技能的培育。同时对学生不同阶段的学习状况需要进行质量检测,保证高校人才培育模式和国家总体教育纲领的统一性。

### 2. 高校人才培养模式的主要形式

高校人才培养模式是在确定人才培养目标、实施人才培养行为,以及人才评估等一系列环节指导下的人才培养结构形式。目前,我国社会在发展过程中提出了不同的需求,这也会对高校人才培养模式产生影响。

(1) 通识教育人才培养模式

对"通识教育"一词的解释可以与对"自由教育"一词的解释相联系。这一教育概念出现的基础是一位哲学家对教育思想内容的阐释,其主要的目的是强调教育的重点在于培育学生心理和道德方面的思想,而并不只是为学生日后的工作内容打好基础。同时它还强调对教育对象情感和素质的培育也要重视,不仅要对学生掌握的理论性知识内容和操作技能给予关注,重点应是养成学生处理各类实际问题的方式。通识教育不仅规定的教育内容范围广阔,将多个学科领域的必备的内容理论涵盖进去,而且重视将各学科结合进行综合学习。

(2) 专才教育人才培养模式

这一概念中的专才主要是指纵向发展类人才,即教育对象接受的教育方向和学习内容较为集中,使学习者最终只在某方面或某一学科的具体领域有较为系统的内容掌握。其掌握知识的范围和求职方向都有一定限制,但其掌握知识深度层次都高于他人。

对人才进行专才教育和通识教育的方式不一致,专才类教育是指以培育某方向的专项人才为标准,其主要讲授方式是在学校内部对某一内容开设系列性教育课程,对某一方向进行系统性学习。

(3) 通识教育与专才教育相结合的人才培养模式

现阶段我国不同方向实际应用技术的革新,也是不同领域科学技术借鉴、融合的结果。我国社会中各行业之间边界日益模糊,使各行业之间能够不断协作完成同一任务。实际应用技术领域科技手段的融合和借鉴,对高层次院校培育人才的方式也有一定启示作用。由于现阶段培育某一方向的专项类人才,不再满足社会的进步需要。因此明确高层次院校需要将综合性和实践性作为新的培育人才的方向要求,要注重教育对象掌握知识范围的扩大。另外，虽然教育者掌握某一方向较为精深的知识内容，可以使其拥有学习其他内容有效方式，但并不能符合社会各企业对生产和制造的改进需要，也不能使教育者向更全面的方向发展。因此应将现阶段国内外教育发展的各类模式进行综合，建立适宜我国教育对象的科学培育模式。

(4) 产学研结合的教育人才培养模式

"产学研结合"一词的含义是指，将培育人才过程中涉及的各主体之间的联系性加强，其主要思想从各方具体应用的角度出发：一是教育不能不符合社会发展状态，不仅要考虑生产发展状况，还需要关注具体生活的需求；二是教育内容应更倾向于实际操作技能；三是应使教育对象对未来接触的社会内容有所了解；四是教育过程还应考虑教育对象主观层面的自我要求。

## （二）高校人才培养模式的多样化

### 1. 高校人才培养模式多样化的必然性

目前我国有部分地区存在经济发展状态和文化教育层次不相符的现象。同时这类地区还在各产业内部结构、地区综合发展规划和社会制造加工手段方面与其他地区有较大差距。因此根据我国各区域影响教育状态各因素的差距，需要建立不同类型和方向的人才培育模式。如各区域生产制造手段的差异性会使高层次院校培育人才的设备不同于其他院校；而社会产业发展结构的不同会影响高层次院校内部教育学科的组成；区域采取的经济发展策略不同使各地区高校教育对象的职业选择产生相应变化。因此不同区域高层次院校必然采用不同的人才培育模式。

整个社会对各种国际人才的需求，促进了高等学校人才培养模式的建立。大学生是一群不同的个体，每个个体都有自己独特的个性，这就是大学生个性的差异。如果高等教育没有意识到学生之间的个体差异，采用一刀切的教育模式，不仅会不利于学生的个体成长，还会影响高等教育的效果。因此，高等教育应遵循人才培养的理念，按能力教学和按需教学。

以当代社会的发展来看，高等教育非常重要。这是社会需求和个人需求之间的重要纽带。在社会发展的过程中，各个行业和职位都有各自需要的人才，这些职位所需要人才的价值观念和技术能力，对我国的高等教育人才培养产生一定的影响。此外，每个人的成长经历、社会期望、才能和个性、经济状况、爱好特长、学术成就是非常多元化的，存在不同程度的差异。只有实行多样化的人才培养模式，才能实现社会需求和个人需求的统一。

与其他层次的教育不同，高等教育的基本特征之一，就是它具有学术性特征、专业性特征。高等教育是由不同学科组建而成的专业教育结构，其自身的目标就是培养出不同类型的综合性人才。那么，高等教育人才的发展模式不可避免地被会体现多样性的特征。

作为传统教育模式的重要组成部分，高等教育将不可避免地划分在"终身学习"体系内，这对于普通高等教育来说，就需要做重新定位，这将会导致系统的重组；垂直方向上不同层次和不同形式的高等教育呈现出开放性、关联性以及沟通性等特征；横向处于同一级别的各个学科，既是独立也是交互的，由于人才培养模式具有多样化特征，可以让社会、学习者表现出不同需求和院校办学特色进行有效融合，此外，科学和多样化的教学方法使人才培养模式趋于多样化。

简言之，高等教育人才培养模式的多样化不仅受教育的外部规律的启发，而且受教育的内部规律和人才成长规律的激发。

### 2. 高校人才培养模式多样化的表现形式

以多样性的层面分析人才培养模式，具体体现为：①高校指导思想的多样性；②人才培养目标的多样性；③管理模式（系统）的多样性；④流程模型的多样性；等等。

伴随现代科学技术的飞速发展，劳动分工越来越细化，新兴的社会职业也像雨后春笋一样出现。它迫使高校适应社会发展和变化做出调整和变化，并培养社会发展所需的多元化人才。因此，高等教育提出了不同类型的学校管理指导思想。

（1）办学层次定位的多样化

根据我国高层次院校自身课程专业和培育方向设置的不同，可将高层次院校划分为专业研究教育类、企业职位教育类和知识教学类，等。位于不同区域、有不同教育方向的院校在满足主体需要方面有不同的任务。如小型区域类院校中倾向于理科性教育内容的院校，一般是教学类和探究类院校的综合。如国家有相关教育方向要求的院校，是为某行业培育专业方向教育者的重要方式。而区域内部的职业培育类院校，是满足社会对操作性人才的实际需要。因此高层次院校应根据对自身培育方向和专业设置的判断，设计本校的阶段性人才培育模式。

（2）学科布局定位的多样化

高层次院校对教育对象讲解传授的知识内容，是以学校内部开设的课程专业为支撑。而学校内部专业设置和搭配需要根据社会技术发展状态的具体情况进行确定，必须符合国家对教育结果和各方向专业人才的需要。从目前各高层次学校内部专业和学科组合的状况来看，大趋势是将学校各学科涉及的相同内容进行综合学习，对相关专业包含的具体内容的范围进行重新划分。改变传统教育模式下各专业学科讲解知识的重复和分散状态，使高层次院校内部的学科更具竞争力和学校文化特色。

## 三、高等教育大众化进程中中国人才培养模式的现实审思

高校扩招使得入学率迅猛增长,但也使高等教育在质量、层次、结构和管理等方面产生一些新的变化。"大众平等与精英特权的矛盾、高等教育有限资源与对高等教育无限需求之间的矛盾等,都使得高等教育人才培养模式趋于多样化与复杂化。"因此,探讨高校扩招与高校人才培养的现实情况是十分必要的。本节即从高等教育大众化的必要性入手,分析在高等教育扩张中中国人才培养存在的矛盾。

(一)高等教育大众化是历史的必然选择

1. 高等教育大众化是人类自身发展的本质要求

通过对各历史阶段社会状态和人类生存情况的分析可以明确,想要社会发展形态更加完善,并不只是要针对制造生活资料的各类工具和设备进行革新,还需要提升人类自身各方面的技能。因此国家和社会各主体对教育活动的重视度大幅增加,希望通过系统而有深度的教育活动将人类自身的技能水平大幅度提升,以人类制造创新水平的进步带动加工物质资料的生产数量,进而推动整个社会向更完善的方向前进。

在传统社会的发展状况下,人们对物质和其他基本生活资料的需求度越来越高,因此对教育能够带来多少经济价值更为关注。而在现阶段社会中,人们对各层次教育的认识深度不断增加,期望教育能培养受教育者更多的实践操作技能。尤其是对高层次教育的看法,认为在教育行为中人们可以吸收祖先研究成果中的一系列经验,还能够以此为依据,深入对自然界的探索,从而可以正确认知人类价值。另外,社会经济转型对人力资源分配产生了一定的影响,使其逐渐走向市场化,对高素质人才的需求不断增加,国民对教育水平的要求不断提高,对高等教育的追求已成为国民的普遍愿望。所以,面对这一现状最好的解决方式就是扩大高等教育,为促进社会发展奠定基础,为满足人民内在需求做出计划。

2. 高等教育大众化是社会经济发展的客观要求

教育的落实和发展是建立在一定的社会经济基础之上的,所以,社会的任何重大变化和进步,对教育来说,都意味着新要求的涌现,以此才能够促进教育的发展,推动教育事业的改革。

目前,社会生产力的提高导致了国民生产总值(GNP)的增加,这反过来又提高了所有社会阶层的消费水平和他们的子女接受高等教育的能力。另外,在工业化的高级阶段,社会对技术和管理人才的需求远远超过了对工人的需求。结合社会上青年群体价值观的变

化以及权利和平等意识的提高，有必要将高等教育的目标对准大众。从这个角度来看，高等教育的大众化是社会经济发展的一个客观条件。

### 3. 高校扩招是中国高等教育大众化的必然要求

高等教育在扩招政策的影响下，发生了诸多变化，主要有：

第一，目前高等教育的规模在扩大，已经转型为大众化教育。但从现阶段的情况看，高等教育的普及程度并不能满足现代化国家的要求。

第二，极大地促进和深化了高等教育的各项改革，推动了高等教育教育思想和观念的进一步转变，在管理体制、人事制度、招生制度、毕业生就业等方面发生了一些变化。

第三，高等教育的运行潜力。伴随高等教育的快速发展，高校学生人数不断增加，学校的所有硬件和软件都得到了充分利用。加之高校扩招带来的竞争效应，各级高校纷纷发展自己的教育基地，大大增强了高校的办学能力。

第四，人们基本素养大幅度提升。随着高层次教育向更多教育者开放，我国接受更高等级教育的人数规模不断扩大，使整个民族文化方面的素养更多地体现于生活之中。也推动了我国计划的各类振兴和发展政策的实施进程。

第五，高等教育的发展有效缓解了长期以来高素质人才的供需矛盾，促进了社会人员素质的全面发展和提高。

## （二）高等教育大众化进程中的主要矛盾

高等教育大众化不仅是指高等教育发展规模的扩大和比重的提高，而且在理念和价值取向上也有别于传统的高等教育形式。这种变化也给高等教育的大众化带来了一些矛盾，具体如下：

### 1. 扩张数量与保证质量的矛盾

高等教育大众化体现在接受高等教育人数的增加，即大学放宽了入学门槛，使越来越多的年轻人可以进入大学校园，获得高等教育。这种大规模、粗放式的模式影响了高等教育的质量，影响了高等教育精英化和精致化的传统观念。

20世纪80年代以来，相关部门把提高教育质量作为高等教育改革的重点，采取了一系列法令和措施来规范师资队伍，改进教学，改革教学内容和教学方法，以克服高等教育扩张带来的数量与质量之间的矛盾。然而，这些措施并不特别有效，因此，许多学者对高等教育的大规模化持反对意见，引发了一场关于高等教育大规模化的辩论。

中国高等教育大众化的实施，主要是通过放宽高校招生门槛，扩大高校招生渠道，将高校的重点从培养精英人才转向提高国民文化素质。在这个过程中，一些原本为培养精英人才服务的优质高校逐渐成为高等教育大众化的主力军，缩小了与大众化高校之间的界限，形成了具有中国特色的大学大众化现状，导致高等教育大众化发展不平衡。

### 2. 扩大高等教育规模与经济支撑能力的矛盾

高等教育大众化的发展需要一定的经济实力作为支撑，各国在大众化过程中都不同程度地面临着高等教育规模扩大与经济支撑能力之间的矛盾。

这种矛盾的另一个表现是群众对高等教育的需求与他们的经济能力之间的差距。即使在经济最发达的国家，群众的经济能力仍有一定的差异，一些经济能力较差的人对高等教育敬而远之，这就阻碍了大众高等教育的实施。面对这一问题，发达国家建立了一些学费低廉的短期学院，并不断完善各种学生资助制度。例如，美国和日本积极推动学生贷款的社会捐赠行为，西欧的一些大学通过提供咨询服务和出租教室供会议使用等措施为学生筹集资金。

### 3. 高等教育的公平性与区域发展的不平衡性的矛盾

在我国扩大高层次教育的实施范围过程中，发现各地区的客观资源状况和生产制造水平的发展形态对推进教育政策有较大影响。实际扩大高层次教育范围的过程中，存在个别地区之间教育发展状态相差较大的现象，是教育政策制定者必须明确的事实。

### 4. 大众教育模式与精英教育模式的矛盾

在高层次教育逐渐探索改进道路的过程中，各高等教育院校摸索出具有本校文化特色的教育培养模式，并将确立的初始教育模式逐渐完善和稳定延续。但在国家开始提倡扩大高层次教育范围的理念下，部分高等院校内部固有的培育模式不能适用于现有社会需求。如在一些国家，其内部提倡教育应该集中于某一领域向更深层次探索的学者，会认为扩大教育范围是对教育经费的浪费。而且这样会使政府各部门对高校原本的控制力加强，减少高校教育机制的自由性。各高校内部会由于想招收更多学生，而降低原本对学生各方面技能和知识的要求，致使高层次学校整体教育水平下降。并且各高校招收的学生人数增加，也会使固定的职业岗位供不应求，对就业状况造成更大压力。在各国观念中这种固有的精英教育观念都是十分深厚的。

为了解决这个问题，发达国家创造了独立于传统精英大学体系的大众教育的第二高等教育，如美国的社区学院、英国的多学科技术学校、法国的短期技术学校、德国的技术学校、日本的短期大学和技术学校、韩国的技术大学。精英大学仍然处于极佳的地位，并正在逐步转变为现代研究型大学。这两种不同的高等教育体系并行发展，各有各的功能和特点，是解决当今大多数发达国家的大众教育和传统精英教育之间矛盾的最有效途径。就中国而言，虽然目前已经达到了高等教育大众化的门槛，但其实施高等教育大众化的措施主要集中在增加招生人数和扩大高校规模上,教育理念仍处于精英教育阶段,人才教育模式与现实不相适应。这种教育观念的落后将存在于中国高等教育从精英式向大众式的过渡中,高等院校毛入学率的提高,并没有给中国高等教育发展带来质的变化。最近几年,中国高等教育学生的就业难问题越来越明显,这充分说明中国高等教育的大众化只是完成了数量上的扩张,处于初步发展阶段。在新的历史条件下,高校需要在人才培养目标、课程设置、教学方法、教育体制等方面进行相应的调整和改革,以更新教育观念,与时俱进,培养社会需要的人才,解决高等教育的大发展和与社会的适应问题,这是高等教育界实现数量和质量增长的一个迫切问题。

## 第二节 创新人才的概念、种类和主要素质及特征

### 一、创新人才的概念

创新人才是指具有良好的创新意识、创新精神、创新素质和创新能力,并通过创新活动取得新成果和新价值的人。简言之,他们是那些想要创新、敢于创新、能够创新和知道如何创新的人。

在大范围的概念下理解有创新意识的人才,其主要指自身有创新理念并有一定研究成果的人。

综合各类讲解人才的书籍对人才含义的概括,将其解释为在一定社会发展阶段中,自身已经掌握一定基础的某方面内容,通过对该内容某部分的重新组合符合社会新发展形式下的需要,完成该内容的创造性的发挥。人才也就是在各方面有更高素养和发掘创新眼光的人,其必备的特征是创造特性,只有有创新能力的人才能成为人才。

人才自身层次的提高对丰富人才资源有重要作用,而其中有创新理念的人才更是突出性的。因为只有对自身钻研领域有发掘新方向的理念,才能在所在领域内取得超越他人的成果,甚至在世界范围内取得成绩。

### 二、创新人才的种类

可以对创新类人才从掌握方向和专业方面进行划分,一般来说将其划分为科学和技术两类创新人才。

在科学领域进行创新也是对理论知识内容进行改造组合的过程。主要含义是通过自身对科学范围内部分知识内容的理解形成新内容的过程。从大范围来看,在对有科学性的内

容进行改进的过程中，存在一定方面的特殊结构，具体是指关于学科内部较基础的知识内容。对理论知识内容进行创新主要是要发掘新的方法建立新的理念认识。

对技术方面内容进行创新也就是实际操作技能的改进。结合外国各学者对"技术创新"一词的理解，将其解释为对产品和物质有新的构成思路和制造流程，将其应用于商业实际加工过程。对技术内容进行创新应包括从理念产生至具体实施的全部过程。

而对各项技能操控度较高的人才，同其他方面精深的人才相比，更注重对其实际操作技术方面的要求，这是成为技能类人才的必备条件。现阶段的技术应用型人才与传统社会形态下的技术人才相比，在继承传统技术操作人员学习理念的基础上，新阶段的技术操控者有更深厚的知识背景，并对所从事领域的操作技术研究得更加透彻。

## 三、创新人才的主要素质

更直接地理解有创新技能的人才就是，其需要对具体领域有创新想法和实际行动。其中对具体领域和专业的创新想法是指与其他内容学习者不同的特别的想法。而创新类人才自身还需要养成创新型人格特征，就是要对某一领域有更强烈的探索欲望和更坚韧的意志性格，等等。详细解析创新型人才的具体素养可从以下几方面进行：

### （一）有大无畏的进取精神和开拓精神

任何创造或创新都涉及铺设一条以前没有人走过的道路，并爬上以前没有人爬过的山顶。要成为一个创新的人，首先必须有强烈的创业和开拓精神。没有这种进取和创新精神，毛泽东就不可能克服一切困难建立第一个农村革命根据地，探索中国新民主主义革命的成功之路，实现农村包围城市；没有这种精神，俄国科学家罗蒙诺索夫就不可能冒着生命危险，用装有电线和电流表的风筝调查天上的闪电。这些都在证明一件事：无畏的进取和创新精神是成为创新者的先决条件。

### （二）有较强的求知欲和创造欲

要成为一个创新的人，必须有永不满足的求知欲。作为一个孩子，爱迪生用自己的身体在自家的草棚里孵化鸡蛋，用来研究鸡为什么能孵化小鸡，他希望通过孵化理解其中的道理。这就是这位聪明的发明家小时候的那种强烈的求知欲。在一个人的生活中，有对知识和创造力的渴望并不难，但要有永不满足的知识欲望和无止境的创造欲望就难了。对知识欲望的满足来自学习和创新。目前来看，尽管人类已经获得的知识像海洋一样广阔，但仍有许多未知的世界在等待着我们。因此，努力使这些未知的东西有意义，并不断创造新的东西，这就是创新。

## （三）有较强的竞争意识和创新才能

可以这样说，创新就是在竞争中争夺主动权。在以往那些年里，通过创新，英国产生了第一次工业革命，而后便在工业上遥遥领先。而没有竞争意识，就很难有创新的意愿。此外，创新的人才是一种特殊的人才，创新的目标只可以建立在创新意识之上来实现，如若不然则很难实现。

## （四）有合理而多元的知识结构

人类想实现对某方面的创新必须先对某领域有大范围的系统的知识学习。人类的生命时间是有限度的，但各领域内部的具体知识是经过人类全部历史积累下来的，其丰富程度远超人类的生命长度。因此想要实现创新想法，就需要建立科学的多元化知识学习体系。

## （五）有良好的德智体等基础素质

想要普通学习者成为有创新意识想法的人才，需要将其各方面的基础能力进行强化。基础能力的主要内容包括道德、智力开发状况和其他学习方法习惯等。在现阶段的社会状况中，有许多创新型或有重大贡献的人才都在其他基础方面存在不足，致使我国新型人才的培育过程更加困难。

## （六）有创造性的思维方式

有创造和发散性的想法观念也包含在创新技能中，优秀的新型人才应包含以下特征：

1. 问题思维

要成为有创新想法的人才，首先需要有对固有事物理论提出疑问的想法。这样可以使自身有发现研究角度的可能性，因为研究探索角度的发掘决定日后的探索创新活动。

2. 怀疑思维

许多新研究成果是在对前人固有理论的质疑中产生的，创新类人才有对事物和理念的怀疑思维是推动其具体实践行为的主要动力。

3. 逻辑思维

如果学习者拥有对相关事物和理论的逻辑梳理能力，其行动时会减少许多无用功。

4. 非逻辑思维

其主要含义是指除理性思考环节之外的主观类的思维顺序，如人的感受状况等。主要特点是受人们思维变化影响较大，没有具体的思考依据顺序和具有突发性，等等。但也有

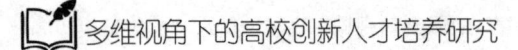

许多科学创新成就是在人才的主观想法观念中孕育的。

### 5. 敏锐思维

其含义是具体领域的探究人员需要在实践操作过程中，对操作内容保持清晰的逻辑思考，对具体实验流程有集中的注意状态。关注具体实操过程中超出预计结果的细节变化，可以有效培养探究人员从事物中发掘创造的能力。

### （七）有一定的技术或管理基础

创新的人既需要有好的想法和思路，还要有技术或管理基础，以使这些想法成为现实。例如，一个人不仅要对无人机或机器人行业有一个好的想法，而且要通过技术或管理基础来实现这个想法。没有这个基础，这个想法就只是一个空想。

### （八）对市场需求比较了解，有知识产权意识

创新并不等同于创造。只有当智力产品实际转化为生产力时，才可以说是全面的创新。因此，非常需要创新人才来更好地了解市场需求，并且具有知识产权保护意识。

## 四、创新人才的主要特征

因此，创新人才应具有良好的德、智、体综合素质；应具有创新的志向、精神和目标；应具有创新的思维；应具有优秀的人格；应具有一定的知识和技能；应以冷静、专注、专心、投入、谦虚、坚持的态度对待创新。

# 第三节 影响创新人才成长的主要障碍

## 一、主体障碍

主体障碍的具体含义主要指人在生活和工作过程中，对具体事物操作和感知时出现的阻碍现象。这些障碍最初都来自人的精神头脑层面，是人们对事物主观判断形成的。

### （一）基础障碍

基础障碍的具体含义是人们从事生活和制造活动的基础行为存在不足和障碍。

而人们欠缺的各项基础技能包含的范围和方面较为广泛，要培育出有创新意识的人才，需要在其基础技能部分的学习中发掘创新角度。在现阶段社会状况中，有许多受教育

者自身掌握知识方面素养较高，但在道德或其他基础层面存在欠缺，致使其与处于同一学习环境的其他受教育者产生较为严重的矛盾和纠纷。这类问题对受教育者良好学习氛围的形成影响极大，因此需要对教育对象基础方面的影响因素进行合理控制。

### （二）思维定式障碍

所谓思维定式障碍，是指思考问题的心理思维惯性，是在很长一段时间内，人们在所处的社会环境中累积出的潜移默化、累积形成的思想。一般情况下，人们在考虑问题时比较依赖自己的经验、现有知识结构。

常规下，我们认为思维定式障碍和其自身年龄存在比较大的关联。也就是说，思维定式障碍会伴随年龄增长而增长。在积累经验的过程中也会逐渐产生思维定式障碍，同样也是随着经验的积累而增长，与此同时，抵消的就是创造性思维。

### （三）从众心理障碍

主要含义是指个人习惯于听从于身边其他人关于某事的意见想法，不坚持自己对事物的认识结果，畏惧承担由于自身决定而产生的一系列后果。这是一种同其他人趋同的思想意识。

针对这类情况受教育者需要明确，正确的方向选择有时正是少数人做出的，并不是大多数人选择的结果都是正确、科学的。正如日心说产生的过程也是一样，其创造者经过自身对相关数据的测算后，在其他人都不相信的境遇下坚持自己的测算方式，最终形成著名的日心说概念。哥白尼回答道："我们看到的日升日落现象，就如同我们坐在船上认为两岸在运动，而不是船在运动一样""宇宙的中心是太阳，而不是地球，地球是在围绕着太阳转，同时它还在自转，这才形成了太阳东升西落，季节交替变化"。

### （四）信息饱和障碍

信息饱和障碍，也可以称为信息过载障碍，是一种大脑信息过载的状况，它阻断了自由思考和想象的途径，阻碍了创造性想法和解决方案的产生。

人们对各类信息和知识内容掌握过量后，就会在头脑中形成处理相关事件的系列方案策略，对接触的各类突发情况有自身的预先判断。这类思想的产生严重阻碍创新想法的形成。

在现今各项专业知识影响力日益加大的情况下，各类信息的传递是大范围的，其通过多种不同方式传达到相关人员手中。但过多的信息使人们产生较强的厌倦心理，因此只有选择对自身有推动作用的信息类型，才能从中发现创新的角度。

## （五）过分严谨障碍

过分严谨障碍，指的是只拥有并乐于应用非常严格定义的想法，不敢夸张、不敢小觑，不敢有想象力、不敢自主地去发挥。

一般情况下，我们认为这种障碍是在自我认知范畴内的一种思维习惯，这一思维特征是有理有据、实事求是，但是这些思维属于"自以为"，要知道这种思维只有应用于"已知科学"上，才能显示出其自身的必要性。从创新的角度来看，过分严谨就会衍生出明显的负面作用，使人们只能"看得到"已知领域，不能深入未知领域去做创新工作。国内教育是缺乏创新因素的，在教学工作中强调的是逻辑思维教学，致使学生出现过分严谨障碍。

在实际的技术操作流程中，经过许多人确定的操作和理论都有其适用范围的限定。其只是人们在某一阶段探索结合社会情况和知识掌握程度，提出的阶段性认识。如果对这类内容和理论从科学的严谨性和专业度去要求，会严重打击人们提出新想法的动力。因此在许多教育课堂中教师都会允许学生在课堂上展开思维，对某一话题开展各方面的思考和设想，这就是培育学生扩展性创造性思维的过程。

## （六）思想障碍

会有一部分人，没有对创新思维产生正确的思维与认识，或者心理会有某种自卑感。还有一些研究人员对科学研究充满热情，但不知道如何将研究成果转化为生产力等。我们能够从这些现象中看出，社会环境中一些群体并不了解创新方面的基本知识，有很多模糊的想法。

## （七）实践障碍

许多人会止步于"一个好的想法"，也就是说并没有动身去实践，以至于迟迟没有得到预期中的成果。例如，哥伦布在1492年发现了美洲新大陆，对于这一重大壮举，回到西班牙后迎接他的却是不屑："这么简单的事情，谁都可以去发现它。"世界上往往有许多看似简单的事情，但它们只存在于将想法付诸实践的意愿得到践行，而不是仅仅当作是一种愿望，所以这荣誉就应该是属于哥伦布的。创新，绝对不是要一个好想法，而且要知道如何做要敢于实践。

## 二、环境障碍

主要含义是指创造主体自身所处的现实环境和基本生活状态带来的限制。并且环境方面的障碍是客观存在的,因此在选择创新角度和事物时,要注意观察相关外部环境是否具备后续研究探索的条件。在高层次院校的教育课堂中,环境层面的障碍主要有以下体现:

### (一)办学条件较差

办学条件对于培养创新人才来说,具有非常重要的作用,若是院校缺少基础办学能力,存在硬件与软件等方面的缺陷,那就意味着即使有经费作为教育支持也不能有效推进院校创新人才培育机制的长期发展。学校环境差,导致学生在实验、计算机操作等实践活动中受到高度压缩,致使学校创新教育质量受到重创,阻碍了学校创新人才的培养。

### (二)师资力量较弱

在整个人才培育过程中教育者是决定教育结果的关键力量,各高等院校拥有优质且有相关培育经验的教师,是其培育有创新想法的受教育者最重要的条件。但依据现阶段社会发展的状况,各高校内部已有的教育储备不足以开展系统的创新型教育,学校内部缺少满足新型教育方式的教师。

### (三)课程体系比较落后

课程体系是一个具有实现人才培养目标功能的有机整体,由若干门课程组成,这些课程按照一定的结构相互联系、相互影响。但目前,许多高校的课程体系并不适合不同学位的创新教学。首先,课程的概念是相对落后的;其次,课程内容相对陈旧,无法跟上时代的变化;最后,在课程的定义上存在不平衡的现象。

当前,我们所处的是创新时代,而创新主要是人才驱动的。在生活的各个领域,创新人才都是最有价值的。我们必须发现、培养和保护他们,特别是对于一些有争议的人才,他们的优点是突出的,缺点也是突出的,我们不能试图责备他们,也不能轻易地否定他们。

## 第四节 研究型大学创新人才培养分析

随着目前国家扩大教育范围的各项举措的推进,高层次院校的主要任务是培育有创新想法的人才。依据我国现阶段高层次教育院校的发展状态,一般将其分为专项研究型和学位教育型等。本节主要是以有创新思想的人才为探讨方向,将其放在专门从事各项研究的高等院校中,探索具体的培养模式。

## 一、研究型大学的学生创新人才培育特征

专门从事研究教育类院校内部都是各层次受教育者兼具,同时将不同范围下对同一知识内容的解释融合一同学习掌握。在这种培育模式下,受教育者会形成对于某一内容方向更为精深的系统认识,便于其日后从事某一方向的科学探究。并且专门从事研究教育类院校中有较多高学位的受教育者,他们在完成自身基础知识内容的理解后,会至研究类院校进行专项内容的扩充。同时由于这类院校日常会有许多科学研究类项目,因此国家制定了许多的针对这类院校政策,如助学资金和各类教育设施的支持等。目前现阶段专项研究类院校的特征是,研究技能多样、学生基础知识层级高等,另外还包括目前正在大力培育的创新类人才。其在培育有创新理念的教育者方面有以下特征:

### (一) 人力资源特征

专项研究类院校相较其他类型院校会吸引更多受教育者。但教师需要明确培育优质人才并不只是要使其更多地从事行政管理事务,还要尊重受教育者自身有何要求。在培育创新类人才的过程中,如果相关方面的教师对"创新"一词有更多个性化的理解和探究,那么就会对人才培养产生极有利的影响。因此,通过培养教师的创新才能,进而实现优秀创新人才的培养,是创新人才培养的一个重要因素。

目前有相关创新思想的教师数量较少,这一特征与专项研究类院校的整体教育氛围和课堂环境有较大关联,同时还受学校开设研究平台的发展状况影响。一般来说,形成创新意识可以从两方面进行,一是提高各方面的实际操作技能,二是提高社会市场的需求状态。专项研究类院校与其他类型的高校相比,技术方面的开发程度较高,同时还有较多的社会企业与高校合作为教育者提供实验场地。其中专项研究类院校还根据教师自身的技能层次,将其划分为不同类型的讲师。

### (二) 学生资源特征

研究型大学聚集了诸多优秀学生,大部分研究型大学都是历史悠久,教学资源优良,在专业发展、专业优势和就业形势方面具有很大的优势。以上这些因素是学生选择大学时最重要的因素,研究型大学往往是优秀学生的首选。鉴于目前中国教育体制的特点,通过高考选拔出来的优秀学生往往在理论方面有较大的优势,这就意味着他们可能缺乏基本的创新知识,而这些知识应该从小培养,才能逐渐延伸到大学阶段,这是研究型大学在培养学生创新人才方面面临的严峻挑战。

## (三) 支撑条件的特征

研究型大学可以获得比传统大学更多的物质和财政支持。除了大学的内部资金来源外,公司和政府机构也提供了大量的资金支持。

对于研究型大学来说,要确保一些领域的理论和实践是最前沿的,也是最丰富的。因此,研究型大学将投入大量的物质和资源,积极推动创新教育研究,建立各种平台来展示他们的成果。对于企业而言,他们需要高校的创新,拥有相当实力的研究型高校是理论创新的源头,他们拥有大量的研究成果,而这些研究成果还没有转化为生产力,如果企业与这些研究型大学合作。高校技术创新是实施国家技术创新战略的一个途径,政府对高校创新进行了有形的和财政的投资,拥有人力和理论优势的研究型大学是政府创新支撑的主要对象。

## 二、研究型大学创新人才培养的措施

### (一) 积极营造创新型学生人才培养的外部环境

如果想大幅度提高创新类人才的基础文化底蕴,需要为其营造稳定和有教育氛围的外部环境,这一举措包含在教育部门的职责范围内。第一,政府自身应对创新这一概念有更为深入的学习理解过程,对如何培育有创新想法的人才有初步规划方案,注重培育过程中教育对象自身的教育要求,不仅要对该类人才的培育过程设置法律保障,还需要有切实的支持举措。第二,政府可以通过一定方式吸引网络媒体对创新人才的培育过程跟随记录,吸引社会对其的关注。第三,要对教育领域加大支持力度,使其探索培育创新类人才的方式。第四,将国外其他院校培育创新人才的方式引入国内,促进国内外高层次院校之间培育经验的交流。第五,政府要重视对培育创新型人才有贡献作用的相关主体的奖励,形成健康向上的创新教育氛围。

### (二) 创造完善的学生创新人才培养运行机制

要对目前传统的人才培育模式进行改进,需要对人才培育过程中的主体行为进行规范。根据高层次院校目前教育发展的具体形态,可以从以下几部分改进高校内部培育人才的整体流程。

第一,将院校原本设置的各学科进行拆分组合,使其符合高校培育创新类人才的实际需求。同时院校需要根据本地区人才培育的相关理念和总体目标,对涉及创新内容的具体专业提供更多方面的支持,组建更多方向的创新研究项目,增加学校内部相关人员与其他

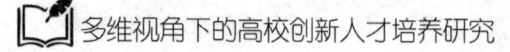

创新培养者的交流。

第二，自区域创新体系的全盛时期以来，政府在促进地区高层次院校之间学科合作方面发挥较大作用。为丰富我国的创新实施方向，确保创新成果的产生，需要将各专业之间的界限和各学校之间的隔膜打破，促进涉及创新的多方主体建立合作。

因此，对国家倡导开展的大型研究项目，国家可以采取以自身为倡导者，带动各方教育高校和相关社会主体，同国家的研究院所合作完成较为大型的项目。这样可以将不同主体的资源充分利用，最大限度地激发相关人员的创新想法。

### （三）构建高校学生实习平台

在整合高校资源方面，高校需要改革自己的教学方法，培养创新人才，即构建多元化的教学方法，而不是单一的教学方法。在实现高校创新人才培养理念方面，应将多元化的培养要求作为创新人才培养的先导，遵循因材施教的原则，实施个性化的创新教育。保持校企合作，为实习、见习创造条件。

：政府应大力支持企业、社会积极参与，与高校联合，为高校学生提供实践平台，使学生既有理论水平，又有实践能力。

### （四）加强国内高校创新型教师人才的培养

高新技术迅猛发展，是基于信息技术革命实现的，这既打破了国界，也缩短了地方之间的距离。因此，世界经济日益一体化、经济全球化是当前世界经济发展的基本趋势。形成有创新想法、相关教育经验和教育方式的教师群体，对培育素养较高的创新类人才有关键作用。因此高层次院校在选择教师时，应关注教师自身基础学历水平，在学校内部形成素养较高的教育氛围，推动教师在校期间能够提升自身的受教育层次。教师提升自身学历层次的过程，就是增加教师亲自动手参与专项内容实践操作的过程，可以大幅度提升教师探索和创新各项具体内容的能力。教师对某项理论的探索层次决定着教师自身的创新层次，教师探索研究项目的具体情况间接的反映自身的创新技能状况。因此高层次院校应针对国家目前倡导的教师培育模式，结合学校的教育特征进行改进，提高本校内教师的各项创新操作技能，促进院校培育有创新想法的人才。

### （五）大力增加创新型人才培养的资金投入

为了提高人才教育质量和创新能力，改善学校环境是非常重要的。应该有足够的资金来改善学校环境。学校的资金主要有三个来源：第一，公共投资；第二，学生支付的学费；第三，社区（包括校友和企业）的捐赠。为了加快培养高质量的创新人才，需要改善学校设施，这就需要增加学校运营资金。假设学费收入相对稳定，社会捐赠不足，一个重要的方法是增加公共捐款。建议政府继续增加对大学的投资，提供更好的设施，以提高高等教育的质量，帮助培养创新人才。

## 三、学生创新人才在研究型大学中的培育

根据世界各国专项研究类大学自身各方面的优势特征，将我国研究类教育学校的教育理念设置为培育某方向的精英类人才。专项研究教育类院校在推进培育更精深的人才的过程中，要结合学校提供的各项教育设备和教育对象自身的教育要求，在国家规范的教育大方向下，培育有创新想法的人才。在对教育对象个人的实际需求进行衡量时，也需要关注教师的教育理念。

对专项研究类教育院校学生创新方面的相关技能进行培育时，要关注教育对象的主体差异性，再依据各专业方向教师的实际教学技能，选择适宜的创新人才培育模式。一般高层次院校内部的教师的教育方向，可以划分为理论研究型和实际教学型。而学生主体的实际需求一般为兴趣主导型和就业需要主导型，都是从实践操作和理论内容两方面划分的不同类型。

### （一）Ⅰ型学生创新人才的培育模式

实践对于学生来说，是学习过程中最好的一位老师，创新能力的培养也要基于实践。创新能力要以创新实践来实现整体的培养和提高，Ⅰ型学生创新人才的培养模式也可称为理论型学生创新人才的培养模式。这种模式主要是针对那些对理论研究有明确兴趣的学生，或者将理论研究视为自己的职业道路的学生。这批学生应与在理论研究方面有建树的教师结成对子，重点关注基于理论的创新行为，培养其理论创新人才。

一般情况下，Ⅰ型学生主要包括部分本科生、部分研究生和所有博士生。Ⅰ型创新人才培养模式应根据学生水平的差异，为以下几个阶段的创新人才培养。首先，这部分学生要结合理论研究的要求，加强学生的兴趣和职业选择；其次，要帮助学生建立完善、系统的理论体系；第三，要给学生提供理论研究方法。首先，要帮助学生建立健全系统的理论体系；其次，要充分重视理论研究方法的推广和实践；第三，导师要在专业素质和实践方面为学生树立良好的榜样。总之，创新型国家的具体建设工作的落实，要将大学生作为主力军。大力推进创新教育，进一步培养学生具有创新能力，使其在学习过程中灵活掌握知识，在多元化的环境中具有非常强的社会适应能力，不断追求科学真理。

对这种类型的学生比较适用的是指导老师培育制度，即使本科生还不具备构建完整理论体系的能力，还不能建立完整的理论体系，但他们有强烈的研究兴趣，有极强的学习能

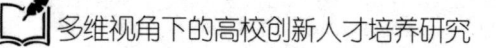

力和热情。应鼓励或允许学生在本科最后一年选择自己的导师,以便他们能够开始初步的理论研究。为了让学生在这种模式下培养良好的创新能力,除了强化理论课程外,让学生参与理论实践也很关键。

## (二) Ⅱ型学生创新人才的培育模式

Ⅱ型学生的创新人才培养模式是介于Ⅰ型学生和Ⅲ型学生的一种相对中性的模式。这种模式主要是针对那些没有明显兴趣或职业倾向的学生。这种类型主要出现在本科生中。为了培养这部分学生,必须强调在基本的专业理论基础上发展创造性教育。这种教学工作的主要内容是:第一,掌握基本的专业知识;第二,建立各种平台,帮助学生了解市场需求;第三,强调培养基本的创新意识。这些学生自己培养自己的创新能力,主要是通过学校组织的各种活动和会议,通过跨学科的合作和交流来实现的。

## (三) Ⅲ型学生创新人才的培育模式

Ⅲ型学生的创新人才培养模式主要是针对少数对实践活动有浓厚兴趣、对创业有极大热情的学生,这部分学生在本科生和研究生中的比例较小。对于这种类型的学生,需要加强创新能力方面的教育。具体而言,创新能力教育应注重以下几个方面:一是认识和强化企业家精神;二是创建各种平台,帮助学生收集相关的市场信息;三是创建创新实践平台,鼓励学生参与各种实践活动;四是在教授基本创新素质方面,应包括团队精神和创业热情。

与Ⅰ型学生不同,这类学生不适合教师主导的教育体制,而是适合项目主导的教育体制。也就是说,他们需要组建一个完整的小团队,而教师只是在必要的时候进行有效的指导。

# 第九章 我国高校实践育人探究

## 第一节 实践育人的基础认知

### 一、实践育人的内涵

根据马克思主义教育原则中提出的有关实践育人的各项基本要求，能够看出实践教学的基础结构是：理论知识、间接经验。以鼓励、引导的形式组织学生参与不同类型、不同意义、不同价值的教育实践活动，以促进其综合素质的提升。

实践育人的教学方式，可以使学生的实践能力、操作能力、创新能力都得到相应的提升。学生在这一过程中可以使课堂上掌握的理论知识得到巩固，并且学生通过实践的方式，可以使自己的思维和意识得到训练，经过长时期不断操作，就可以使自身的创新能力得到相应的提升。在此期间学生通过自己的体验和感悟，将所学的知识理性地应用、反思、更新并迁移到现实生活中，从而实现自身的综合发展。

高校要以组织实践活动为己任，使实践育人这一教育作用得到最大化的体现，将学生的成长、发展作为出发点，将理论学习与实践教学相结合，并融合、渗透不同类型、不同意义、不同价值的实践活动，使学生的身心发展更加和谐、全面。大学生的实践活动，可以归属到人类社会实践这一范畴当中，其自身既具有实践的共性，又有自身独特的特点。针对实践来讲，学生作为实践活动的主要操作者和思考者，应当在整个实践活动的具体实施中发挥着重要的作用。高校要将更多实践的机会留给学生，让其可以有更多独立思考和自我展示的机会。大学是学生步入社会前的一个过渡时期，学生即将转换自己的身份和社会职责。因此，要在这一时期将学生的实践能力进行培养，让学生可以在走出校园之后，具备独立生存的能力。学校传授给学生的东西对于学生解决社会问题只具有指导意义，因为学校相对社会来讲是一个简单的社会环境，这一环境中的各类实践活动具有单一性，学生在不断学习和实践的过程中也只是在做实验，并不是真正地参与到社会实践中。因此，不可照搬在学校所学习的知识去解决实际问题，需要具备对具体问题进行详细分析的能力，和一定的应急能力。针对育人来讲，就是帮助学生的知识素养、身体素养、文化素养、审美素养都可以得到提升。让学生通过学习和实践的方式，来提高自己的整体素养，并且达到身心全面发展的状态。我国的教育模式主要是以学生为主要发展对象，并且开展的教学活动都是围绕着学生所展开的。育人所需要做的不仅是使学生的智育得到提升，更重要的让学生成为一个有道德的主体。

实践教育是指丰富学生的知识储备，然后在形成一定的专业技能基础上，对学生实施实践活动的训练。通过参加实践活动可以使自身的思想道德得到很好的提升，并且在参加活动的过程中，可以使自身的想象力得到展示，不同学生各抒己见，将学生的各个想法进行整合，最后运用多种方式和途径来解决问题。参与活动需要学生之间相互配合，并且需要每个学生都担任不同角色来使整个活动顺利推进，有利于学生之间的情感得到加深，并且在合作的过程中，可以将自己的集体意识和协作意识得到较好的提升。我们可以把"实践"看作是塑造学生综合能力的一个有效平台，这一平台的作用是非常全面的，能够促进学生的身心发展，能够辅助其健康成长。通过这一平台学生能够运用知识，展示才华，服务社会。对于教师来说，可以通过平台来落实素质教育工作，使学生的思想政治意识与素质得到提升，促进了素质教育的建立，培养了学生的创新能力。加强高校实践育人各项工作，无论是从为国家服务还是为人民服务的角度来看，都能够起到赋予学生社会使命的重要作用，同时，还会对教学工作的改革创新起到一定的影响，对综合型人才培养会发挥重要的作用，对经济发展的具体方式与方向产生影响，能够为创新型国家的建设贡献力量，塑造出人力资源强国的形象。

实践育人的教学模式是通过课下和课上两种方式来完成的。实践活动不仅需要在课下空闲时间来进行，在课上的时候更应该重视实践活动的重要性，如果只是在课下的时候才让学生进行实践活动，是没有办法改变长期以来的教学模式。只有从根本上改变原有的教学方式，才可以将学生培养成适合时代发展的创新型人才。在课上时，更需要加入实践的环节，传统的教学环节缺少的正是实践的环节，导致学生的创新意识较弱，无法形成较为完备的实践操作能力。因此，更应该在现在的课堂上带领学生进行实践活动，并且把动手实践的机会留给学生，为学生提供较好的展示平台，使学生的创造力得以展现。有利于学生的创新思维得到开发，并且也可以提升学生实践操作的能力。在课下时，需要教师尽可能地让学生将课堂上的作业在课上就完成，在课下为学生布置实践活动类的任务。让学生可以有更多的时间和精力来培养自己的创新思维，可以在不断的培养中使自己的创新素养得到提升，逐步使实践的能力也可以得到更好的发展。

通过对实践育人和实践活动的了解，我们可以探索出对于学生应用实践教学的方式，可以很好地锻炼学生的创新能力和操作能力，对于提升自身素养起着重要的作用。运用实践的方式具体体现在，制定明确的时间目标，并定期开展实践活动，为学生进行实践任务分组，让学生可以通过独立思考和集体协作将任务完成。学生通过实践可以提升自己的各项能力，为学生步入社会奠定了坚实的基础。在实践的过程中，需要教师对学生进行正确的引导，帮助学生树立正确的道德观念。

## 二、实践育人的理论基础

### （一）符合马克思主义育人观

辩证唯物论的认识论把实践提到第一的地位，认为人的认识一点儿也不能离开实践，排斥一切否认实践重要性、使认识离开实践的错误理论。在教育中增加实践性的部分，让学生从知识的丛林中跳出来，让知识与实践并进，既符合马克思主义育人观，也是提高学生知识应用能力的根本途径。马克思主义育人观是马克思主义关于如何培养人、如何教育人的基本的理论观点和认识的总结。内容包括培养什么样的人，即对人的培养要达到的目标；怎么样去培养人，即实现途径或者方式等，它是一个造就实践能力强、综合素质高、全面发展的人的科学世界观和方法论。关于人的全面发展的教育理念，在马克思与恩格斯的著作中都有相关的论述，他们认为社会劳动与其他的社会实践活动对于一个人的成长与发展具有十分重要的意义与作用。换句话说就是，劳动即一种实践，劳动育人即实践育人，可以透过这些论述去发现马克思主义关于人的全面发展的教育观念。按照马克思的观点，劳动是人有别于动物的最本质的所在，劳动是一种人们对社会、对自然积极改造的过程，是人类区别于自然界其他动物的最根本的标志，也就是说劳动创造了人本身。从这些论断中可以看出，劳动不仅是人的本质，也是人的特性；人类通过劳动不仅改变了世界，而且也使得自身不断进化，从而获得全面发展。就教育来看，教育来源于实践，又反过来推动着实践，那么教育就不能抛弃实践。只有不断实践，才会让教育不断进步，才能达到更加高远的境界。从这个意义上来说，实践育人非常必要。

### （二）符合思想政治教育的规律性

思想政治教育的主要目的是：①促进社会发展；②促进人格的发展，使个人思想道德素质得到提高。"人的思想品德的形成与发展是主体与客体相互作用、相互协调的过程。这一过程是在实践的基础上完成的。"思想道德教育规律指出，主体只有通过社会实践活动才能与客体因素发生联系，所以，人与社会之间的社会实践活动在一定程度上对一个人的思想道德品质的形成起着非常大的影响作用。无论如何，主体都会在社会实践活动中积累到思想方面的认识，通过思想认识将其同化为与自身思想品格相符合的形式，然后应用在具体的社会实践活动中，将其作为指导原则，使其转化为实践层面的东西，然后坚持成为主体在行为上的一些习惯。在新的社会实践中主体借助外界社会评价和自我的反思，开始新的主客体之间的相互作用，主体再次获得比前一阶段更进一步的思想品德认识，进而变成更科学的行为，由此主体的思想品德水平不断提升。因此，社会实践是人的思想道德提高的重要环节，高校思想政治教育工作的改进离不开社会实践。

## （三）符合心理学基本原理

"知识就是个体通过与环境的相互作用后获得的信息及其组织。"根据现代认知心理学的观点，知识就是个体通过与环境的相互作用后获得的信息及其组织。知识可以与社会现实生活密切相关，并能很好地在现实中用于解决实际问题。身体的直觉非常实用，可以使参与者产生个人的热情和学习的激情，以此才能够提高他们的实践和创造能力。实践过程可以说是大学生充分获取新知识，不断提高知识性知识获取的持续学习和认知路径，这就是所谓的直观知识获取法。"我们了解的领域总是大于言语能表达的。"这是波兰尼缄默知识理论体系中的一部分。在他看来，知识分为两种形式，其中一种是缄默性知识，另一种是显性知识。他所说的缄默性知识是指基于整体经验的知识，以及不能用语言明确表达的不可转移的知识。实践是获得缄默性知识的一个重要途径。波兰尼从科学生产这一层面来看，认为这并不是生产知识的合理方式，除了大量可以阐述的显性知识外，大量的缄默性知识也必须发挥出自身的作用。若是没有这种缄默性知识，许多学术问题就无法解决，但缄默性知识的语言符号表征可以逐渐出现，即使其中有些知识无法通过学习理解和吸收。但这部分是独特的，必然要通过实践才能获得。所以，这需要大量的艰苦探索与实践活动。由此我们可以看出，如果教育只以明确地理解（显性知识）为目标，那就意味着个人真正需要得不到满足。在这种情况下，教育应着眼于如何提高大学生的一般能力和知识，不仅要在课堂上满足他们的知识需求，更重要的是使用灵活的手段让他们积极参加课堂外的实践活动，使他们能够构建出缄默性知识理论结构。

## （四）符合"生活教育"理论

"生活教育"理论是我国教育家陶行知教育思想的内核和精髓。陶行知认为："没有'教育即生活'的理论在前，绝产生不了'教学做合一'的理论。但到了'教学做合一'理论形成的时候，整个教育便根本改变了方向。这个新方向是'生活即教育'。"他批判杜威的"教育即生活"是把社会生活引入学校中，但这只是相当于在鸟笼里造了一个树林，生活已经失去本真的内容，而真正的生活教育必须是一种把鸟儿从鸟笼放回树林的教育。他将"教学做合一""社会即学校""生活即教育"形成完整的理论体系。对于什么是生活教育理论，陶行知认为："从定义上说：生活教育是给生活以教育，用生活来教育，为生活向前向上的需要而教育。从生活与教育的关系上说：是生活决定教育。从效力上说：教育要通过生活才能产生力量而成为真正的教育。'教学做合一'是生活法亦即教育法。"陶行知认为，行是知之始，知是行之成，因而主张生活教育的方法是"教学做合一"。"教学做合一是生活教育之方法之理论""教学做合一是生活法，也就是教育法。它的含义是：教的方法根据学的方法；学的方法根据做的方法。事怎样做便怎样学，怎样学便怎样教。教与学都以'做'为中心。在做上教的是先生，在做上学的是学生。在这个定义下，先生与学生失去了通常很严格的区别，在做上相教相学倒成了人生普遍的现象。"这是对传统灌输式教育的否定。传统的灌输式教育可以完全不顾学生的学，也不顾学生及现实生活的需要，给学生灌输无用的知识。"教学做合一"强调了教学与生活的密切联系，教师的教应服从学生的学，同时，二者又服从于现实生活的需要。为了避免"做"的盲目性，这就要求学生把动手与动脑结合起来，而不是为动而动、为实践而实践，给我们今天开展学校实践活动提供了很好的启示。

　　生活教育理论说明了教育与生活之间的密切联系，脱离现实生活的教育将是"死的教育"，脱离生活的世界将是"死的世界"。实践育人教育提倡学生积极动手实践，解决生活世界中的现实问题，这与生活教育理论的理念是一致的。生活教育理论为实践育人教育指出了前进的方向，即生活世界是学生的实践范围，生活世界中的问题是学生实践的课题，学生应该走出学校的狭窄范围，走向广阔的生活世界，从而培养出较强的实践能力。"教育的本性就是教会人们懂得生活本身，包括生活的目的和意义，而教育本性的实现就存在于不断展开的实践生活中。"教学要回归生活世界。然而，目前我国大学的教学过于强调书本知识的学习，脱离了现实生活，给学生的发展设置了障碍。教育与生活没有融为一体，教育成为"象牙塔"和"空中楼阁"。通过实践育人教育，倡导大学生通过各种实践活动，解决实际问题，培养实践能力和创新能力，把学生置于生活的大地上。这说明生活教育与实践育人教育的精神实质是一致的。生活教育理论非常强调学生与生活世界的联系，反对学校教育脱离社会生活。在高校实践育人教育中，学校组织开展的实践活动应与生活密切相关，应让学生融入生活。学生在生活中发现问题，运用所学习的知识分析和解决该问题，从而让学生学有所得，并发现自己的不足，激发他们求知的兴趣和愿望，增强学习的主动性和积极性。这要求教师在开发实践课程、设计实践活动主题中应关注生活事件，强化生活意识，营造生活情境，而不能为实践而实践、为活动而活动。如果仅有"实践""活动"，却与生活无关，那么它们仅仅只能是徒有热闹的外表，却不能真正培养学生的实践能力和创新精神。不能仅提倡校外实践，校内实践也是非常重要的。在平常的理解中，实践一定是要到校外去。一般仅强调校外实践的重要性，忽视校内实践的重要性。

杜威认为："教育即生活""学校即生活"。校园内的学习、生活是学生生活的重要组成部分，忽视这部分内容而盲目追求校园外的社会服务、社会实践和社会探究，必然无助于学生形成系统的观念和"有效率的习惯"，割裂了学校与外部世界的内在联系。因此，在组织好校外实践活动的同时，应重视安排好校内实践活动。不仅校外实践有多种生动的形式，校内实践的形式也可以是丰富多彩的，如实验、表演、竞赛等。这些活动可以让学生独立开展，也可以安排相关教师进行指导。实践活动应符合学生的兴趣和需要，根据杜威的衡量经验，安排的实践活动和实践课程应重视学生与环境之间的互相适应和影响，重视学生个人的需要、愿望、目的和能力。这启示我们，组织的实践课程、实践活动应符合学生的兴趣和需要；在实践课程与实践活动的实施过程中，应注意激发学生积极参与，发挥学生的主体性和创新性。否则，学生"身在曹营心在汉"，游离于实践课程与实践活动之外，无法促进学生的发展。因此，应创设适当的实践情境，激发学生的兴趣，充分发挥学生参与活动的积极性和主动性。

## （五）符合教育学原理

相对而言，高等教育分为两种形式：首先，是理论学习；其次，是实践学习。一是总结人类社会的实践经验和知识，以总结和归纳的形式传授给学生，可以使学生在最短的时间内掌握，产出自己对新知识的理解；二是通过让学生参与社会实践活动获得新知识。所以，加强实践教育是我们教育实践改革的一个重要环节和方向，可以体现和强调对学生实践能力和创新精神的培养。总之，实践教育在许多方面能更好地发挥教育的作用，具有强大的吸引力和无可比拟的优越性。

## 三、实践育人的价值

实践的观点是马克思主义哲学的基本观点，马克思在《关于费尔巴哈的提纲》一文中指出："哲学家们总是用不同的方式解释世界，问题在于改变世界。"实践教育是基于马克思实践观点的教育理念，是高校学生教育过程中的重要环节。伴随中国大众教育的新形势和人才培养计划发展的新情况，加强实践教育使其与中国高校深化教育改革相符合，能够满足提高教育水平的各项需要。伴随我国经济水平的发展，新时期高校的青年学生在相对丰富的物质环境、严峻的社会竞争和自由的家庭教养中成长，使他们具有强烈的创业意识、竞争精神、理想思维和强烈的成功意志。为适应当今时代的发展要求，实践教育势在必行。在这种新式的教学模式中，学生可以使自身的创新性、实践性都得到提升。我国当今社会的科技水平正处于快速发展的上升期，因此，培养创新型人才成为各个高校最重要的教学目标。但由于我国一直处于应试教育的模式下，学生和教师都已形成了根深蒂固的思维，对于提出的新式教学方式很难在短时间内接受。这就需要我国教育部门将实践教育的意识进行有效宣传和普及，让大众逐步地接受新式教学方式；制订具体的实施方案，让各个高校有发展方向及战略指导。当前教育的弊端体现在重视理论、轻视实践。学生只针对教师传授的知识进行熟记和死背，教师则是在课上滔滔不绝地独自讲授，缺少和学生之间的交流，并且大部分课堂时间都是用来给教师讲课，课下还要布置海量的书写作业。学生没有属于自己的时间和空间，阻碍学生形成创新思维。当今的社会生产生活最需要的就是创新性，对现有事物进行批判和改进，才可以推动社会的发展。提升高校学生的创新素养是非常重要的。在实践活动中需要对学生的道德思想和素质思想进行培养，良好的道德可以提升学生的社会责任感，具备社会责任感是成为创新型人才的必要条件。

## 四、实践育人功能分析

理论教育和实践教育之间的区别非常明显，两者是相对的。实践教育的优势是，它能使人们在参与实践活动的过程中，充分调动自身的积极性和能力、知识、情感等内在情感因素，以实现个人的完整发展。高校实践在塑造当代大学生的思想道德教育、增强学生的身心健康、加快毕业生融入社会的进程、培养学生的创新能力等方面具有最佳的教育功能。现在我们处于经济全球化的背景下，国际形势更加复杂多变，大学生各项素质的提升显得尤为重要，我们应该把它们联系起来，从国家乃至社会主义事业的未来走向的角度去进行考量。首先，大学生的思想政治素质之所以可以通过实践活动来提升，是因为由于实践对于大学生的政治信念和价值观的形成具有重要的引导作用；其次，实践还能充分调动各方面的积极性，为高校的实践育人开辟道路，能够让大学生树立正确的思想观念。在大学生人生观、世界观和价值观的形成方面，高校具有极其重要的作用。

著名教育家德怀特·艾伦指出："教育的目的有两个，一个目的是塑造有道德、有品质的学生；另一个目的是让学生变得更加聪慧。倘若仅仅让高校所培养出的学生只具有聪明才智而没有道德，那么对于社会也是有危害的。"那么，以另一个角度来看，如果一个人有比较高的教育水平，但不具备必要的道德素质，那么这个年轻人对社会与人民造成危害的可能性会更大。一般来说，要不断整合与筛选个人思想道德素质中的各项因素，以自身的情感诉求为前提，就能够使自身的品质越加坚定，也能够逐渐培养出优秀的思想情操，最终会与社会价值相吻合，也能够体现出个人的思想道德综合素养。现阶段，个人思想道德体系正处于发展转型到成熟的阶段，所以，在实践过程中需要以正常逻辑、个人意识为主体逐一落实。但是，从实践的角度来看，道德体系是可以相互连接的，所以，个人思想道德体系和实践体系之间，存在非常紧密的内在联系。

处于当今时代的大学生具有丰富的想象力以及对生活的热情，因此应当在大学生在校时间就培养大学生的各类技能及道德观念。让其在步入社会之后，可以适应社会环境，并且为社会做出贡献。应用实践活动的教学方式可以很好地锻炼学生的各项能力，并且使学生可以得到展现自我的机会。在实践活动的过程中，可以加强学生与其他学生之间的感情交流，提高自己的人际交往能力与团队合作能力，既可以提升自己的沟通力，也可以提升自己的人际交往能力。在实践活动的过程中会遇到许多的问题，通过不断解决问题的方式，可以帮助学生树立良好的道德观念与品德观念，让学生在掌握技能的同时也形成健全的人格。针对实践活动的学习相较理论学习更为复杂，学生不仅需要对知识进行掌握，而且还需要具有一定的操作能力，以丰富的知识储备作为实践操作的依托。在实践操作的过程中，要将各个学科的各项技能结合在一起，才可以完成最终的实践。培育学生的价值观念与道德观念，比教会学生理论知识更为重要，只有具备道德品质的人才可以成为对社会有用的人才。因此在教会学生理论知识的前提下，应当先帮学生树立道德观念，通过实践活动这一方式可以很好地提升学生对事物好坏状况的判断。同时教师应对学生进行正确的引导，引导学生发展成德智体美全面发展的人才。

如果想要将学生培养成更适合社会发展的人才，就需要锻炼学生的社会适应能力。但是在校期间，如果想要使学生具备社会适应能力，需要模拟真实的社会环境与社会生产。学生参与学校组织的实践活动，可以达到一个模拟社会生活的程度，因此让学生参与实践活动学习相关内容，应当是当代大学生在校期间掌握的必要内容。由于大学生的成长性与开发性极强，并且会对未来社会生活产生重要的影响，因此一定要注重在这一时期对学生的培养状况。通过参与学校组织的社会实践活动，可以使学生的操作能力及其创新能力得到更好的开发，学生通过对事物的探索与发现，可以不断丰富自身的能力与知识储备。通过实践的方式，学生可以亲身参与到学习过程中，对学生掌握知识具有非常重要的意义。而且学生通过参与实践活动的方式，可以加强人际交流，使其在社会生活中可以更好地运用语言和做事方式来提升自己的沟通能力。相较于学习理论，更重要的是让学生掌握人际交往能力及人与人之间的相处原则。只有掌握为人处事的方式，学生才可以在今后步入社会与工作的过程中，更加自如地应对各种困难及人际关系。在高校期间是学生从校园时期过渡到社会时期的最后一个阶段，在步入社会之后，学生在社会中所扮演的角色，也将发生巨大的转变。因此必须让学生在步入社会之前，掌握转变后的身份内容，才可以在正常毕业之后顺利地融入社会生活。实践活动不仅可以使学生自身能力得到提升，也利于学生更好地适应社会生存发展。高校在自己的教学设计中，应当尽快加入实践活动这一方面的课程，这方面内容对培养学生的各项能力其道德品质都具备着不可替代的作用。

"创新是一个民族的灵魂，是一个国家兴旺发达的不竭动力。"高等教育的目标是培养更多的创新人才，但学生的创新能力，即学生的创新思维、创新精神和创新意识的培养，只有通过实践才能实现。创新能力不仅是一种综合素质的外在表现，也是一种比较高的个人能力的体现。判断、观察、推理等多种能力有助于培养这种创新能力，其中包括创新能力、创新思维和创新人格三项内容。

"创新是一个民族的灵魂，是一个国家兴旺发达的不竭动力。"高校作为人才培养基地，首要任务就是为社会提供高素质的人才。为了适应当前社会的发展，具备创新能力是非常必要的。创新能力的形成是需要漫长过程的，不是一蹴而就的事情。需要学生有较为敏锐的感觉器官和丰富的实践操作能力，通过对思维与认知的培养，提升学生解决问题的能力，在不断实践操作的过程中，可以使创新思维得到锻炼，并且也会对事物形成更多的认知。

大学生所掌握的各项技能中最具备社会价值的就是创新能力。我国当前正处于科技快速发展的鼎盛时期，缺少的正是创新型人才，因此学生在高校期间应当使自己的创新能力得到提升，使自己具备创新能力。而要想具备创新能力，首先，需要具有丰富的专业知识储备，可以将各类学科的不同知识进行整合，用综合的知识解决问题；其次，需要学生积极地参与实践活动，在参与实践活动的过程中，不仅可以培养自己的创新能力，也可以使自己的创新思维得到很好的开发。学生在参与实践活动的过程中，可以使自己的操作能力得到很好的锻炼。如果想要具备一定解决问题的能力，首先需要有的是创新式的思维，只有将思维活跃起来才可以在遇到问题的时候运用多种解决方案进行解决。创新本就是对原有事物的优化与改造，或者对还未出现的事物进行创造，因此创新的过程一定是一个漫长又艰难的过程。这就需要学生在有足够热情的前提下，还需要具备坚韧不拔的意志力，在遇到困难与挫折时永不言弃，一直坚定地对创新进行探索。在这条艰巨的道路上一定会遇到许多的困难与阻碍，需要学生自己一一克服。创新实践活动不仅是培养学生创新能力的一项活动，更是磨炼学生意志力的一项活动，因此创新实践活动在高校学生的课程中是必不可缺的。学生只有将这项活动较好地运用起来，才可以在今后的社会生活中不畏惧困难，勇敢地面对各种问题。

## 第二节　高校实践育人的原则

高校在对学生进行培养的过程中，需要将学生培养成道德修养和知识修养一样优质的人才。实践教学的方式就可以很好地帮助学生各方面的能力都得到提升，但需要注意在实践教学任务中，应当注意一些事项。只有掌握科学、合理的教学方式，才可以对于学生提升自身素养起到积极的作用。各个高校应当严格按照国家相关教育部门发布的教学方案来进行具体教学任务和实践活动的实施。

## 一、方向要正确

从马克思主义政治学的角度来看，所谓实践育人的方向性原则，是指在实践育人活动过程中，要把马列主义、毛泽东思想、邓小平理论、"三个代表"重要思想、科学发展观、习近平新时代中国特色社会主义思想贯穿到实际的育人过程中。人们在实践中会受到某些思想的指导，因为只有在正确思想的指导下，才能达到预期的目标，获得良好的效果。实践是一项漫长而复杂的活动，学生在其中会面临各种问题和困难。在这种情况下，学生要以正确思想在具体的社会实践过程中分析实际问题，锻炼和拓展知识面，促进学生形成正确的视野、人生观和价值观，形成高尚的思想道德、健康的人格、责任感和创新意识，提高综合素质和实践能力，以此才能够更好地为社会和人民服务。

## 二、以人为本

以人为本的治国理念也可以运用到实际的教学活动中，教学活动中以人为本是指开展的所有教学活动及其课程都是围绕学生这个主体而展开的。无论运用哪种实践方式或教学方法，都是希望可以使学生达到全面发展的目的。针对高校对学生的培养，不仅需要考虑将学生的知识得到丰富，还需要考虑到学生即将步入社会，运用怎样的教学方式才可以让学生具备需要社会的能力，并且将在校期间所掌握的技能实际应用到社会中。当今的教育模式主要提倡将课堂上更多的时间与空间都留给学生，教师起到辅助和帮助的作用。现代的教学模式，打破了传统教学模式中以教师为中心的课程方式，这种方式没有办法激发出学生的创新能力和自我表达能力，更多的是对理论知识的学习，未能使自己实践操作的能力得到提高。教育活动不应当只追求成绩的高低，而忽略对于学生自身能力的培养，因此我们应当将学生的切身利益，以及未来发展作为教育的第一要义。开展各项课程的实践活动都应以学生为出发点，从学生的角度对具体实施问题进行思考，使学生可以身心得到全面发展，并且使其创新能力也可以得到更好的开发。当今时代最需要的就是学生具备一定的创新能力，这样可以为社会及其时代带来更多的价值。因此，应当以培养学生的创新能力为主要目的，实践活动就可以很好地为学生提供一个创新的环境。让学生可以在自我发挥及自我思考的过程中形成创新思维，并结合实践操作能力，最后发展成为社会所需要的创新型人才。

组织实践活动可以更好地对学生进行教育，学生通过参与实践活动可以获得专业技能上的提升和操作能力的熟练。在传统的教学课堂上，教师主要偏重于对理论知识的学习，缺少实践活动。为顺应当今社会的发展形势，在进行实践活动时，教学课程中必不可少的内容就是实践活动的学习方式，其不仅可以丰富学生的课程内容，并且可以使学生的各项能力都得以提升。在实践活动的过程中，学生与其他学生之间展开交流与协作，这既可以提升学生团队协作的能力，也可以使自己独立思考得到很好的展示。让学生在参与集体活动中，使自己的人际交往能力及沟通能力都得到训练，并且也对学生提升自己的创新能力提供一个很好的机会。参与实践活动需要确认实践目的以及实践内容，并且要对具体实施的过程进行部署。在这些环节中需要注意的是以学生为主体，围绕着学生来展开各项活动，因为实践活动的最终目的就是，通过新的教学方式使学生的能力得到很好的提升，并适应时代发展的要求。因此在制订实践方案的过程中，一定要以学生的切身利益为出发点，尽可能地站在学生角度来考虑问题。这样就可以使学生更愿意积极主动地参与到实践过程中，可以很好地调动学生的学习积极性。

## 三、理论联系实际

马克思主义理论之所以具有生命力、不可战胜和无限的活力，是因为它与客观现实有关。它源于实践，指导实践，并被实践所验证。理论一旦脱离了实践，就会成为无源之水、无本之木。理论与实践的联系、思想的解放和从事实中寻找真理是马克思主义的基本原则，也是教育的基本原则。毛泽东说："通过实践而发现真理，又通过实践而证实真理而发展真理。从感性认识而能动地发展到理性认识，又从理性认识而能动地指导革命实践，改造主观世界和客观世界。"理论与实践相结合，体现了我们党的优良传统和实践教育的基本规律，是需要自觉遵循的原则。实践教育中的理论与实践相结合，除了普通的理论教育不能脱离社会和人们的现实思考、理论要能带动现实之外，主要是指在教育中重视理论教育，提高人们的自觉性和认识，还要重视实践教育，培养学生良好的教育和行为习惯，达到知行合一。所以，教育者在组织和选择学生的实践活动时，应密切关注实践学习的目的，紧扣实践主题，与理论学习紧密联系，不要将实践活动形式化。坚持理论联系实际的原则，还要求教育工作者以身作则，坚持脚踏实地、务实创新的工作作风，表现出为人师表、言而有信、言行一致的忠诚和诚信。为身教重于言教，让他们教人教己，践行"有理想的人讲理想，有纪律的人讲纪律"，学生就会心悦诚服，在实践中以老师为榜样，严格要求自己，实现知行合一。

## 四、目标要具体

目标通常被称为主体对客体必须达到的期望和结果。目标管理的概念在现代管理中具有重要意义。它已在实践中得到证明，并可应用于现代企业管理的形式。还应了解企业管理在目标价值理论指导下对人进行实际培训的方式。在教学和各种活动中，在不同层次上设定实践目标,使管理者、教师和学习者都能获得实践教学法的技能、知识和经验,以此才能够提高个人的综合素质。事实上,设定练习目标也可以提高练习的功能和效果,使整个练习过程具有激励和指导作用。为了避免实践教育的形式化,确立了有针对性的实践教育原则。高校有关部门和教师在使用和组织学生实践教育时,要遵循目的性原则。在总体目标下,确立实训的具体目标和实施计划,对学生进行多种形式的实践教育,对各类型的实践内容划分出具体若干阶段目标,并以坚持总体目标为主线进行定位,对阶段目标的实训活动要逐步顺利地组织实施。如果没有实用的教育目标或目标不明确,那就是无意义的实践和盲目的实践。高等学校应重视实践教育,处处发挥鼓励、评价和引导的作用,提高实践教育的效果。

### 五、建章立制

为了确保教育的有效实践,必须有规则可循,而要有规则可循,就必须在这个过程中确立相关的规则。根据各高校的定位和特点,各高校应根据地方特色和时代发展需要,编制和完善实践教育工作的文件,如《实践育人工作大纲与实施办法》,其中应包括实践教育工作的目标、措施、方法和实施细则。在实践过程中,要严格按照本文件的规定,将文件中的精神落实到各部门、教师和学生,确保实践教育工作的有序开展。

## 第三节 高校实践育人措施

### 一、加强实验课教学建设

实验教学是实践育人的基本形式之一,实验是实践教学的重要组成部分,是实践教学的重要支撑和支柱,是高校人才培养过程中的薄弱环节之一。为了实现实践教育,高校应积极优化实验教学,切实解决实验教学中存在的问题和困难,提高学生的实践能力与水平。

#### (一)加强实践课教师队伍建设

实践育人是学生实验技能、能力的引领者和指导者,对培养学生的实践和创新能力负有重大责任。毫无疑问,一支结构合理、事业心强、技术水平高的实践教师队伍是提高实习教学质量的关键,是高校毕业生及时适应社会需要的重要保证。现阶段,一大部分高校中,高学历、高资历的教师不愿意从事实践育人方面的工作,而低学历的教师又无法引进，有经验的教师短缺问题非常突出，现有的有经验的教师超负荷工作，疲于应付，使得整体质量得不到保证。所以，高等院校要让实验教师参与到教学团队建设的整体规划中来，把实验教学团队的建设放在与理论教学教师队伍建设同等重要的位置，一起规划、一起使用、一起落实。要制定专门的实验教师引进和培养指南，建立一支数量充足、结构合理、活动深入、相对稳定的实验教学师资队伍，确保实验教学人员队伍资源得到保障。要制定对实验教师的绩效考核和激励办法，鼓励优秀人才投身于实验课程的教学和研究，为培养实验课程教学人才提供保障。此外，高等教育机构和大学应努力改善和优化实践教学教师的待遇，使实践教学岗位成为能够吸引和保留人才的岗位。要重视那些素质好、有培养前途、愿意投身于实践教学的教师，优先考虑实训学校或与实训有关的部门，要加快建立兼职教师队伍。以"请进来"方式为主，从企事业单位招聘一批具有丰富实践经验的理论专家、技术专家作为兼职教师和学员，通过各种渠道建立一支专职与兼职相结合的师资队伍。

### （二）合理规划实验课程结构

将课程中的理论知识掌握和实践操作应用，对这两方面在课堂上的比重进行调整。打破传统教学模式中只侧重于对理论知识的学习，而是将实践操作的比重进行提升调整。让学生可以在课堂上得到更多表现的机会，将自己的想象力和创造力得到具体的实施。高校培养学生的意义在于为社会提供适合发展的人才，因此在制订教育方案时，一定要让教学方案贴合时代发展，才可以紧跟时代，提供真正可以帮助社会发展的创造型人才。在具体的课程设计中，需要将各个学科之间进行融会贯通，每一个学科的内容都不是独立的，而是相关联的。要想真正掌握学术知识并取得较好的成绩，就需要对每个学科的内容都有所涉及和理解，才可以运用多维度、多角度的观点来看待问题。

### （三）完善更新实验课教学内容

根据科技发展和行业、产业技术升级改造需要，及时调整和修正实验教学方案，减少演示性、验证性实验，增加综合性、设计性实验比重，积极开展研究性、创新性实验，构建以"学以致用"能力培养为核心的分层次、有梯度的实验教学体系，使学生既具有扎实的实验操作技能，又具有科研与设计能力、实践创新能力。

### （四）改革实验课教学方法

我们必须承认的是，学生与学生是存在个体差异的，我们必须运用"因材施教"的原则，参照每一名学生的自身个性、学习能力等因素体现出的差异情况，灵活应用多元化的教学方法，实现知识教学与培养能力的转化。实验课程改革的过程中需要根据教学工作的实际需要，构建具有阶梯性特征的课程结构，其中包括：第一，基础性实验课程；第二，综合性实验课程；第三，创新性实验课程。无论是应用哪一类型的实验课程，均需要考虑学生的基本学习特征和个性发展状态。所谓基础性实验课程，使学生掌握基本的实验方法；所谓综合性实验课程，是为了让学生具备运用学科综合知识的能力，并且可以在课程学习过程中独立操作；所谓创新性实验课程，需要塑造出学生的创造性思维与能力。纵观三种不同类型的实验课程，学生需要掌握的是基础性实验课程和综合性实验课程，它们是学习的核心部分，是学生必须掌握的。创新性实验课程是课程教育的一种延伸，在应用的过程中同样需要考虑学生的接受能力与实际学习情况。在实验课堂教学中，学生应尽可能地主动参与整个实验过程。另外，不需要要求学生在实验中以既定的步骤为主去执行操作流程，要引导学生思考和提问，要让学生去讨论该"怎么做实验""可不可以用其他方式来解决"等。如果在实验的过程中出现了一些故障情况，一定要引导学生去主动思考，这样能够激发学生的积极性，让学生在问题中学习到知识与技能，这样才能使学生得到素养与能力方面的提升，对其全面、健康的身心发展起到促进作用。

## 二、深化社会实践活动

### （一）根据社会需要，确定项目化实践主题

社会实践的主题，就是结合现代管理学中项目管理的基本思想、素质教育，提炼出其基本理论、方法和思想，而后将其应用于社会实践的策划和实施。在社会实践活动平台上，学生可以参与到项目申报、项目竞争、项目监督和反馈的全过程，以达到实践学习的目的。所谓竞标制，指的是项目化的社会实践的主要标志。大学生按专业和学院组建团队，也可以跨专业或者跨学院组织小团队，以自身特长项目、爱好兴趣、所属专业、社会需求为核心，拟定具体的实践活动项目，引导学生参与社会实践活动项目的竞标环节，并且要秉承公平、公正、公开这一基本原则，分别从校与院两个不同的级别去组织具体的活动项目，同时，需要注意的是，一定要保障活动经费。由此能够看出，这一实践活动项目自身的计划性会得到最优体现，其目的性也十分明确，在资源有限的前提下，能够让资源利用率最大化，激发学生在实践活动中的主动性和创造性意识，提高学生在实践活动中的积极性。

### （二）完善社会实践内容设计

当今的教育提倡以社会实践为主要的课程任务，这就要求各高校在组织设计实验活动

时，应当遵守一定的原则，使实验可以真正意义上起到帮助学生的作用。应当在自己的实践内容中加入科学性严谨性的理论知识，并且给予对已有事物新的探索与新的研究空间。在选择研究主题时应当遵循客观事实，并且从学校的实际情况出发制定适合本校和本校学生发展的实践活动。可以通过开展活动节或者组织课后集体活动的形式，向学生传递正确的价值观念与道德观念，让学生在提升自己能力的同时可以形成较好的人格。

学生在选择实践活动种类时，应当结合自己所学的专业及以后的发展方向来进行实践活动的选择。只有选择符合自己发展的实践活动，才可以在具体的实践中得到对自己有用的价值，并且训练自己相关方面的能力。因此，这也要求处于高校时期的学生可以提前对未来的就业有一定的规划，朝着自己制定的方向去努力，只有有目标才可以开展具体的活动。学校则是鼓励学生开展就业规划的课题，可以定期开设就业规划讲堂或座谈会，让学生们可以有制订规划的基本能力，并且聘用专业的教师来为学生进行性格分析及就业规划。这可以使学生在步入社会之前就提前适应社会生活，让学生可以在毕业之后更加自如地融入工作与生活中。并且让学生选择与自己专业相关的实践活动，既可以锻炼学生的意志力，也可以通过实践的活动增强学生的各项能力，使学生在今后社会生活中遇到问题，也可以有独自面对独自解决的能力。实践活动对于学生的好处就是，可以将所学的理论知识应用到实践生活中，让学生明白学习知识是可以解决现实生活中问题的，这样不仅可以激励学生更好地学习，而且也可以使学生的能力得到更好的锻炼。

学校为在校学生设计就业规划这一课题，可以很好地帮助学生在未来就业时，有更多的选择和提前准备。在帮助学生设计未来规划时，应当注重发现学生身上的特征，根据学生所擅长的领域进行系统的培养，让学生可以成为专业性人才。可以通过实践活动的方式，让全体学生参与到社会实践中。通过观察学生在社会实践中的表现及成绩，可以分析出学生大概擅长的领域，然后结合学生的兴趣爱好对学习内容进行更好的规划。这不仅可以使学生的特长被发现，也会为社会提供更多专业性人才。在培养学生能力的同时，更应当注重的是对学生思想的引领，应当为学生树立正确的价值观念，让学生将我国社会主义价值观念作为自己形动的准则。这样学生在学习与实践的过程中，也可以了解到我国的国情政策，针对我国现在所缺少的人才进行自我培养，为学生树立国家荣誉感及个人价值观，这对学生身心的发展是非常有必要的。并且通过对学生思维与行动两方面进行培养，可以将学生培养成具有健全人格的专业性人才，为我国社会做出巨大的贡献。学生在开展社会活动时，教师一定要将培养学生能力及未来就业前景进行合理规划，这样才可以使学生自身的素养得到提升，并且也可以为国家做出人才供给方面的贡献。

（三）扩大学生参与社会实践的涉及面

目前，各地高校开展社会实践活动有一种极为相似的现象，就是"厚点薄面"，很多高校把大部分资源投入某一支社会实践队伍当中，或投入到学生主线活动当中，或投入到某一种社会实践活动中，从"点"的角度来看，是十分热闹的，但是，从"面"的角度来看，是非常冷清的，点上的活动都是看似很有起色的，而面上的活动所呈现出的是"不管不问"的状态。对这一点，学生并不在意，所以很多学生都是抱着无所谓的态度去感知实践活动，或者在实践活动中得过且过。所谓的点，就是指需要观察参与社会实践活动的学生所选专业与个人发展特征，结合学校的财力和社会需求，有组织、有计划、有针对性地组织学生开展一些社会实践活动。这也意味着，参与社会实践项目相对集中的学生应该组成实践活动小团队，由此便可以在社会调查活动、技术服务活动中统一行动。所谓的面，就是以学生需求为主，通过参加社会实践、体验生活、发展才能、服务社会等一系列的实践活动，来提高自身的整体素质。凡是归属到"点"上的实践活动，都可以划分到社会实践示范活动的范畴内，各项活动的开展一定要以精细的组织为前提，在具体的活动中展示出各自的活动项目特征。凡是归属到"面"上的实践活动，体现出的是对当代学生的统一要求，实践活动应以拓宽实践范围为核心，使每个学生能够根据自己的专业知识内容、个人发展情况，有针对性地选择某一领域或者范围的实践活动。实际上，"面"上的实践活动可以看作是"点"上实践活动的补充。这样一来，学生不仅为社会服务，为社会做贡献，还能够在实践中提高综合素质，为社会的全面发展做出贡献。

（四）校内与校外、集中与分散实践相结合

实际上，实践教育可以看作是一个复杂的系统过程，仅仅依靠学校资源是不够的。有必要整合各类资源，使校内和校外实践得到充分利用。校内实践，是指高等教育机构通过使用内部的教学资源和设施，开展课程实验、专业实践、学位设计等实践活动。校外实习，是指学生在学校之外参与调研、实践等，常见的场所有工厂、企业、社区和机构等。相比来看，校内实习的优势是能够集中各项实践资源。在实践活动中，我们要充分利用这一独特的优势，使校园的场地、工具和设备，以及教师等多元化的资源都能得到充分利用，而后便可以进行课堂实践，如实验、实习、设计和其他课外活动，让学生在日常学习中能有更多的亲身体验和实践。另外，校外实习让学生快速融合在社会环境中，而且是按照自己的方式去融入的，这样就能够更好地服务和了解社会，在这一过程中，学生就可以实现身份的转换，将校园人转变为社会人。学校教育应根据学生身心发展的特点，结合当地建设和经济发展的实际需要，创造多种形式的社会实践。

社会实践也是一项系统而又复杂的社会活动。它对于学生所学理论知识的检验，以及学生成长的社会化具有重要的作用。因此学校在实践教育安排上，应坚持集体实践与分散实践相结合。变阶段性的实践为贯穿学期全过程的实践，发挥社会实践持续与长效的育人功效。因为暑假的特点，即大学生时间充裕、社会实践时间长，学校开展社会实践，长期以来都是习惯性地首先选择暑假。但是，暑假每年只有一次，相对于大学生和服务地的需求来说是远远不够的。大学生社会实践活动应该是长期性的、经常性的，它应该把假期期间的实践活动与日常生活期间的实践活动结合起来，使实践活动贯穿学生的整个学期，而不是阶段性的"一阵风"、一年一次，似昙花一现。

### 三、丰富校园文化

习近平总书记指出："一个没有精神力量的民族难以自立自强，一项没有文化支撑的事业难以持续长久。"浓郁的校园文化对于大学生成长成才具有特殊的意义。美国卡内基促进教学基金会在题为《学院——美国本科生教育的经验》的报告中指出："大学本科教育是否成功与校园生活的质量有关系。它与学生在校园内度过的光阴和他们所参与活动的质量有直接关系。"各大高校应当积极响应党和政府的号召，将实践育人的方案落实到具体教学过程中。让学生可以拥有一个良好的实践活动环境，并且对学生实践所需要的物质给予支持，在客观上保障学生可以享有社会实践的前提。需要教师对于学生的学习观念进行转变，从传统教学的应试教育转化成当代自主研习的学习模式。不可只对理论知识进行学习，更应该培养的是实践操作能力。在实践操作的过程中，不仅可以使自身的素质和修养得到提升，也可以开发自己的思维，创造出具有创新性的新事物，这是当今学校及社会最需要的智力资源。因此，应当将实验教学的方式落实到各大高校中，让学生可以在实践中学习，在实践中锻炼，在实践中提升。

第一，高校要在学校的办学宗旨、办学理念、育人目标中融入实践育人的内容、要求和目的，并且在培养方案中体现出来。结合校风、教风、学风建设进行实践文化建设，强化舆论引导，通过校园网络、报刊、广播、电视等各类媒体，加强对实践育人理念、理论、过程、目的、典型的宣传，将实践上升到为社会制造财富、为国家分忧、为大众请命的高度，在精神上和舆论上让实践成功者成为新时代大学生心目中的楷模，最大限度地发挥实践育人活动对大学生学业的带动作用、对大学生就业的促进作用、对大学生综合素质提升的引领作用。

第二，高校要结合校园建设整体规划，在校园景观上做好培育工作，增加实践气息，从不同角度体现实践育人理念。设置创新创业明星校友事迹展厅、科技创新文化长廊等实践育人人文景观，用无处不在的实践楷模形象和实践标志激发大学生内心深处的自我意识、创造活力和社会责任感。重视大学生实践活动场所、实践实训基地建设，完善实践育人硬件设施和服务保障。

第三，高校应当积极地利用各类社团活动来让学生更好地参与到实践过程中来。高校通过组织社团活动的方式，可以将具有共同爱好与兴趣的学生汇集在一起。并且给予社团学生自由的空间，让他们可以有足够发挥的空间来将自己的想象力进行展示。并且在社团活动中，学生可以通过自己亲身实践的方式来发现问题并解决问题，这很好地锻炼了学生动手操作的能力。

## 四、支持大学生做兼职

由于当今社会发展水平的提升，人们的生活质量也都得到了保障。在校大学生需要做的就是将自己的身体照顾好，会有父母为其提供资金来源。只有很少一部分学生会选择在假期兼职提升自身能力，大部分选择兼职的同学也都是以赚取生活费用为主要目的的。但是通过兼职的方式，可以很好地获得社会实践的机会，学校可以鼓励学生在空闲时间参与一些兼职的工作，这可以使学生的各项能力都得到提升，也会让学生在校园期间就可以提前感受到社会工作的氛围。并且学生可以将在校园内学到的专业知识，在兼职的企业中得到实际的应用。这样可以使理论知识的学习与实践操作的能力结合在一起，使学生整个素质都得到较好的提升。

### （一）兼职能丰富大学生的认识，提高认知能力

很多大学生入校时都是第一次离开父母，离开自己生长的环境。进入校园开始集体生活后，如何与同学、朋友和兼职的同事相处就成了大学生学习内容的一部分。未来，人们在社会里、在工作中与人相处的能力和对社会的认识会变得越来越重要，甚至超过了工作本身。所以，大学生要好好把握机会，培养交流意识，提高认知能力。如果在大学期间没有一定的社会经历，将来毕业走向社会，面对全新的事物，就会不知所措。广泛地接触社会，是大学生健康发展的不可缺少的因素。大学生兼职已是社会普遍现象。人是锻炼出来的，兼职可以让人早得到锻炼。"早出炉，早得到真金。"以后找工作，学生的个人能力起决定性作用。兼职能较早地接触社会，更清楚地认识社会，这样就可以更好地适应社会。兼职可以让大学生认识到社会的复杂性，同时也可以体味生活的艰辛。现在招聘首先问求职者是否有工作经验，文凭只是敲门砖而已。通过搞好兼职工作，可以有效提升自己的认知与社交能力，对心理素质的提升也有一定的帮助，还可以增强自己的综合能力，积累社会经验，使自己的学生生活充实而有效。兼职工作不仅是一种谋生方式，也是了解社会的一个窗口。总的来说，大学生应该采取合理的措施，并从实际出发考虑兼职工作的类型以及个人学习的基础点。兼职工作不仅可以丰富自己的人生阅历，还可以减轻经济压力，培养求职技能，提高职业意识，有利于在大学期间进行准确的职业规划，使学生的择业能力得到提高。

## （二）兼职能帮助大学生很好地运用所掌握的知识，提高应用能力

让我们以辅导为例。通过做家教，不仅可以运用所学的一些知识，还可以获得一些教学经验，在辅导学生同时促进自己的进步。

## 五、开辟校内外实践基地

为使学生更好地将理论知识应用于实践，学校需要加大专项资金的投入，在校内外建立实践基地，为培养学生的能力创造良好的环境和氛围。校内实践基地建设指的是模拟类型，主要是指校内模拟实验室的建设。学校应积极投资建设各类模拟实验室，改善实验环境，实施管理信息化的先进技术应用。特别是要充分利用高校的资源共享，建立高校实验中心，事实证明，在办学经费短缺的情况下，高校实验中心是成功的。通过校企合作、共建等多种形式，建立多个相对稳定的校外实践基地，让学生活学活用，在学习中应用，在实践中提高所学理论知识。

## 六、加强实践育人活动过程管理

由于我国教育长期处于应试教育的发展模式下，如果想要对其进行转变，是需要花费较长一段时间来进行部署及具体实施的。因此，实践育人的教学方式无法很快就普及到各大高校，需要各位学生及教师的大力支持。并且通过不断实验、改进才可以取得令人满意的结果。这一过程需要耗费较长的一段时间，需要学生与教师都具备坚韧的意志力和顽强不息的精神，才可以将实践育人的教学方式真正落实到实际中。

第一，不是所有高校都在具体的社会实践活动之前制订了详细的计划，因此就会导致整个实践活动没有秩序，并且无法发挥应有的效果。这不利于实践活动课程的开展，正确的做法应当是在实践课程开始之前，就先让教师带领学生进行模拟实践。在模拟实践的过程中发现存在的问题并记录下来。之后制订详细的实践计划，将每一环节的每一步骤都进行合理设计，才可以在正式实施的过程中减少突发事件对整个课程的影响，使学生有一个良好的实践活动体验。

第二，在进行实践活动的过程中，只按照规定的步骤来完成实践，并没有加入过多自己个人的想法，会缺少自我评价及自我反省的环节。这就会使学生在参与实践活动的过程中所获得的效果大打折扣，也没有办法让学生认识到自己实际操作中有什么问题或者对于哪一部分有较好的天赋。长此以往，会使学生丧失对实践活动的新鲜感及趣味性，从而没有办法让实践活动得到更好的实施与开展，也无法帮助学生通过实践的方式提升自身的素养及能力。

第三，在没有形成明确的实践目标之时就将实践的具体内容落实下来，会导致整个实践过程呈现出混乱无序的状态，并且也无法带给学生很好的实践体验。在当今教育行业，我国各大高校将教学实践活动加入课程中的这一环节，并没有形成完善的体系。并且开展实践活动的方式较为单一，一般采取学生自愿参与的方式，很少有学生愿意对没有接触过的实践活动课程产生兴趣，就会导致参与实践活动的人数较少，并且学生没有明确的实践目标。各大高校应当做的是在实践课程开始之前，就对学生进行讲解与普及，并且开展一定的培训活动，让学生对于实践活动有基础的认知。并且介绍实践活动时，可以将理论性的知识通过动手操作的能力展现出来，让学生感受到实践活动的魅力以及趣味性，这样才可以促使学生积极主动地参与到社会实践中来。不能只在表面上进行实践活动，更应当将内在的实践方式落实到具体教学过程中，使学生有组织有纪律地开展活动，让学生可以在活动过程中感受到学习的乐趣，并且愿意主动参与到实践活动中。

第四，我国的实践教育活动应在实施学分制的基础上，重新设计或对现有的课程体系进行相关调整，开发实践课程体系，并尝试将社会实践融入专业课程的开发和专业实习任务中。在开发实践课程体系的过程中，应该注重课程的总体规划和具体环节的设计，要包含明确的课程目标、课程内容、学生兴趣和社区需求，以及对学生的评估环节。另外，我国高校还可以通过与其他高校来合作开发实践科学项目，通过这种方式，各高校能够很好地借鉴和学习其他高校实践育人的先进理念和先进经验，从而更好、更快地促进和实现课程体系改革的顺利进行。

第五，在开展实践活动的过程中，应当加入自我评价与自我反省的环节。实践的目的是让学生通过自我动手的方式，去发现一些问题并解决新问题。但是如果缺少自我反省的这一环节，就会导致学生没有办法真正应用实践活动的方式认识自身的不足，以及自己在实践操作过程中具有哪方面的专业性能力。学生没有办法在实践活动的过程中，使自己的个人素养及各项专业能力得到提升，也就导致实践活动丧失原有的效果。在实践活动的过程中，学生不仅需要对自身进行评价与反省，也应当在集体协作的过程中，对于其他同学的行为进行评价与反思。

第六，应引入科学合理的评价体系。概括来说，评估需要把握的关键如下。一是评估必须基于实践活动的目标，也就是说，要测量的目标是否达成，达到了多少？还是超越了原先的预期目标？二是评估的内容必须基于能够测量的内容，就是说项目的目标不是抽象的，它必须是量化的，量化才能测量。例如，一个社会实践项目是对某个社区服务，这个说法很抽象，难以评估。将此目标量化后成为：为此社区建立一个合作社，每年合作社将有几千元的利润。这样，目标是否达成就可以测量了。所以，测量的指标必须是明确的，而且要测量的概念必须是可操作的定义。例如，社区健康是一个概念，其可操作定义可以包括社区内患病者的人数及人数变化等。三是评估的测量方式上,最常用的测量工作包括访问、档案分析、观察、问卷、笔记和个人报告等。四是关于评估学生的指标,格尔曼提出了对社区的认识、社区参与、对服务的许诺、对不同种族的客观了解、自我意识、拥有感和尊重教师指导几个指标;艾勒提出了还要评估学生的生涯发展,对课程的了解程度,以及沟通技能的指标。另外,许多教师和学生很少组织庆贺活动,评估的结果可以让参与者好好庆祝一下计划的成功及已经顺利完成的那些部分,庆贺活动往往具有鼓励性。庆贺是指在服务结束后对学生的成绩给予充分肯定,使他们产生自豪感和成就感,激发他们参加下一次实践活动的热情,其实质是对实践活动的一次总结。庆贺活动很有必要,因为它能使学生认识到人们如何评价自己的工作,通过与别人分享在实践活动项目当中取得的成就,得到社区的认可,并继续获得社区支持。庆贺过程本身其实也是一次很好的反思机会,学生在庆贺活动中能够认识到实践服务项目对自己的促进作用。庆贺活动也应该采取多种多样的方式来进行,如媒体给予特别的报道,举办展览会、联欢会、舞会、茶话会,赠送感谢信,为学生发放荣誉证书及奖品,为学生提供下一次服务的机会,等等。在庆贺活动中,参加者不仅要有教师和学生,学校还应该经常邀请服务对象、社团人员等参加。庆贺活动不只在校内举行,也可以在校外进行。庆贺活动十分必要,它是一个分享的过程,不仅可以让学生、被服务机构、教师一起来分享彼此的学习与成长,使学生肯定自己的参与和贡献,并激发其继续投入实践活动的热情;分享也可以帮助社区等服务对象看到自己带给学生的学习机会,建立自信心。

## 七、加强学生个性化教育

学生的个性是提高其实践能力的关键和枢纽。只有当学生主动依靠自己的实践能力时,学习和适当的实践工作才能有条不紊地进行。从学生个人的角度来看,需要为自身实践能力的提升,实施适当的自我纠正。

第一,在观念层面,要突破传统观念的桎梏,明确培养人才的新标准和培养人才的新概念。作为新时代的学生,为了适应时代和经济发展的需要,学生需要摒弃以知识和学历为基础的传统人才观,重新树立"以技能为基础"的人才观。在大学教育过程中,学生在掌握基本理论知识的基础上,应更加注重通识教育,提高自身素质和综合能力,并通过参加课外活动、实习等方式培养和锻炼专业实践能力和综合实践能力,在实践活动中促进理论与实践的结合,逐步提高实践能力。

第二,我们应该培养自己的学习和思考能力。伴随信息社会的到来,人们接触到的信息和知识量空前巨大,知识的更新速度也特别快。以这样的情况来看,课程很难跟上知识和信息的发展步伐。所以,学生需要改变以学习知识为主的传统学习方法,注重培养学生的综合能力、自我反思意识，培养学生主动学习的思想意识，对知识与信息能够进行有效的筛选与过滤，了解社会发展与市场形式的现状，以此才能够跟上时代和社会的步伐。通过这样的培养与塑造，就能提高学生们的社会适应能力，可以为日后就业竞争奠定基础。

第三，我们要端正态度，对自己形成一个清晰的态度和认识，尽早做好职业规划。从学生的层面来看，可以说他们已经有了一定的自我反省和理解能力。所以，每个学生都应以自己的现实情况为核心，挖掘出自己的潜在能力、综合倾向以及兴趣爱好，发展自己的优势和能力，并与自己的专业相结合。除此之外，学生需要考量自己未来的职业发展，同时也可以进行必要的规划和定位，从专业特点、个人特点出发，结合未来的工作目标与就业倾向，整理实践与理论方面的知识和技能储备，从而避免学生在择业过程中出现"盲目"选择的现象，为其顺利就业可以提供一定的帮助。

## 第四节 构建实践育人机制

培养具有创新精神和实践能力的高级专门人才是高校的中心任务。大学生群体是有巨大发展潜力的受教育者，他们是未来社会科学技术文化的最重要的传承者、实践者和创新者，是建设创新型国家和社会主义和谐社会的生力军。学生的创新精神和实践能力的强弱是对学校教育教学质量的基本检测指标和重要标志，应当从这个高度上来看待培养与增强大学生实践能力的重要性。为此，学校必须制定和颁布相关的政策和制度，为培养大学生的实践能力提供制度保障和政策支持。这是高校有效培养大学生实践能力的必要制度前提。

### 一、加大资金投入

必须设置专项资金，以确保实践育人各项机制顺利、全面实施。仅仅依靠学校的力量是不够的，还需要得到多方广泛支持，其中包括政府、企业和社会。各级政府应将实训经费列入高校预算，并根据不同学校的办学水平和特点确定支持力度和投入标准，为高校实训提供经费保障。高校应优先调整财政支出政策，为实践教育提供专项经费，使实践教育经费作为一项财政制度得到分配和落实。政府以及高校应提高对实践教育对企业发展和社会进步重要性的认识，吸引公众关注，拓展筹集资金的渠道，其中包括：①校友捐赠；②社会投资，通过不同方式吸引社会资金，使其能够投入实践教育活动中。

### 二、完善考核督导

各学院应该给予实践教育与课堂教学同等的重视，将其纳入课程，并使其计入学分。

对在良好实践中取得特别好成绩的学生要给予表彰和奖励，对不符合要求的学生要进行培训和指导，然后进行二次实践活动考核，直至考核达到要求；逐步推行社会实践，资格证书制度。制定并严格执行具体可行的社会实践考核制度，对考核合格的学生颁发社会实践资格证书；将学生的社会实践成绩纳入个人档案；在评优或推荐工作中重视社会实践成绩，对实践成绩优秀的学生给予优先考虑。激发学生的积极性和创造性，以多元化、多渠道的方式参与社会实践将教师带学生进行社会实践的能力和态度与对学生的等级、功绩和重点的评估联系起来。建立约束机制，制定晋升政策，把教师带学生的实践活动放在与教学、科研同等重要的位置，保证每个教师都有带学生的经验，特别是有些课程对实践的要求很高，这些教师应定期到企业、教育机构学习，教师的等级和学分的评定应与招聘挂钩。制定相关规范与约束的法律法规，要求政府及企事业单位支持高校的实践教学活动。实践活动要想取得好的效果，需要全社会的支持与帮助，但是目前的情况并不理想，社会也不理解和支持，比如"学生实习难""应届毕业生就业难"等现象。发达国家的政府机构为了鼓励企事业单位积极参与和支持大学的实践教育活动，出台了一些法律和法规来规范和限制它们。例如，德国出台了《青年劳动保护法》《培训员资格条例》等法律法规，政府部门和行业组织也出台了具体规定和实施办法，明确了政府、企业和机构的责任和义务，制定大学生的实习原则和方法，并对单位进行一定的补偿。我们可以借鉴德国的做法，对接受学生实习的单位进行一定的补偿，对不接受学生实习的单位进行处罚。同时，制定相关的法律法规，明确政府、企事业单位、高校和其他社会单位在实训中的义务、责任和权利，以调动社会各界参与和支持高校实训的积极性和创造性。通过建立各种规则和制度，保证学生的学习和实践能够有章可循、有法可依，以此才能够有效促进学生实践能力的发展。

  实践的观点是马克思主义哲学首要的和基本的观点，人类通过"实践—认识—再实践—再认识"这个循环往复的辩证过程来获得真理，并提高自己的认识水平，使其具有全面性特征。如果不挑战旧的东西，就不可能提供新的想法，探索新的领域，解决新的问题，并在前人或其他人的发现或发明的基础上创造新的东西。"提问就意味着解决了方案的一半难题"这句格言证明了探索与发现的重要性。马克思还说，进入科学，就像进入地狱一样，有必要要求抛开所有的焦虑。懦弱在这里没有出路。实践教育的目的是激发学生的潜能，发现学生的个性，培养学生的能力，提高学生的素质，在大中专学生的教育中起着重要作用。高校的实践教育工作经过了几十年的发展，积累了大量的经验，取得了丰硕的成果，实践方式得到了拓展和完善，实践活动已经成为高校教育工作的重要手段，在学生的教育中发挥着不可或缺的作用。

### 三、提高实践育人的生机与活力

为了创新大学生的社会实践模式，有必要根据中国学生社会实践的发展经验以及国外实践活动的先进概念和方法，来贯彻和充分理解国家教育指导方针和指导思想。中央部门发布了一些针对大学生社会实践的建议。为了创新大学生社会实践整体的模式，强调人才培养与经济社会发展之间的关联，需要努力提高学生实践教育的生命力和活力。近年来我国高校在教育的实践上，不是过于强调抽象的理论概括，就是进行"纸上谈兵"式的描述和经验总结。特别是，教育人们的内容和方法缺乏实用性和功能性，并且教育实践的实际影响力不强。通过比较中外大学的实践教学，可以预期中国学生的社会实践内容是以科学性、全面性、实质性为核心。例如，在制订和选择具体的实践教育活动计划时，应鼓励跨学科选择，并应强调实践知识和创造性思维的扩展。能力培训可以从国外丰富而创新的内容中学习，例如，筹款（基金），服务活动，心理咨询，慈善筹款项目、为老年人和退休人员提供服务、环境治理活动、校外实习工作计划以及参与学校管理。其自身发展模式的转变要基于国际惯例的发展模式，从基于活动的模型发展为双向的、以绩效为导向的双赢模型。在活动方面，它可以从国外高校思想政治教育中学习，并将社会价值渗透在活动项目当中。多样化的活动设计使大学生可以自然地参与进来。它可以与新媒体、博客、微博等结合，在线进行虚拟练习；通过就业和创业平台全面实施该计划，鼓励学生进行科学技术发明并鼓励其勇于尝试自主创业。使现阶段高校学生的社会化进程得到加速发展，自觉服务于当地经济社会发展，同时提高人才教育质量和学术研究能力。为了可以让更多的学生、学校和企业对高等教育社会实践产生较高的接受度，就要不断创新高等教育实践方法，从根本上实现高等教育实践活动与社会发展目标的契合，实现实践教育的可持续发展。应该强调的是，伴随我国志愿服务体系的不断完善，学生志愿活动已成为实践型学生创新的主要内容，受贫困地区和教育计划的影响，有一部分学生参加了我国西部的志愿服务计划。青少年时期的志愿为新时期高实践教育活动的发展提供了一种实践模式，并以其自身的力量呼吁越来越多的学生参加志愿服务活动。

### 四、建立稳固的实践基地

建立一个稳定的、长期的学生实践基地，保证高校教育的长期效果。实践基地是学生社会实践活动稳定和长期发展的重要支撑，对实践成果的应用和推广，以及实践理论的创新和发展，可以起到持续推动和可持续发展的作用。以"走出去"这一理念为核心，高校应充分利用学科和专业知识，广泛形成一系列相对稳定的社会实践框架，以实施有效的、长期的实践活动，确保高校实践学习的整体效果。一般情况下，社会实践基地分为思想政治教育基地、就业类型基地、青年志愿者基地、创业创新基地、工读基地等。内容主要包括教学实践、社会实践、研究实践、产业实践等。社会实践基地的选择涉及诸多因素，应慎重考虑，充分体现基地的实效性，如基地的设计要有特色、有针对性，另外对学生的成长成才有实际意义；位置不宜过远，要本着就近、方便、互利的原则；有利于专业力量的发挥；要注重定期评选大学生社会实践示范基地和优秀基地。另外，高校应主动加强与教育机构、企事业单位、科研院所、城市社区、西部地区、社会服务机构等的联系。要与各地区政府、企业相关联，又要根据自身特点，支持不同学科在民营企业建设不同形式的实践基地，以"互利共赢"为基础原则，积极为建设不同形式的社会实践基地提供技术服务和智力支持。基地建设既要满足地方建设和发展的实际需要，又要让学生自主实践，力争使各高校都有相对稳定的实践基地，让学生在实践的同时能够通过合作实践增加地方和企业的经济效益。在积极发展校外基地的同时，也要加强校内基地的建设，配备足够的实验室和实训平台，让每个学生都能亲身参与到实践教学活动中。在这里，有必要强调钱学森的百年之问：为什么我们不能培养出杰出的人才？这一提问指出，我们的学生普遍缺乏优秀人才应具备的团队精神、创新能力、责任心、心理素质等综合实践能力。创建大学生培训基地的一个重要作用是通过培训基地开展有效的、丰富多彩的长期培训活动，有针对性地培养学生的团队合作和创新精神，在工作中强化与同学和就业单位的感情，并且使其沟通能力得到提升，通过奉献来领会实践创新的意义。

## 五、强化社会实践制度建设

加强学生社会实践体系建设，实施高校实践教学规范化，建立完善的社会实践体系，这对于高校社会实践活动的有序有效开展具有十分重要的意义。为此，高校应提高公众认识，逐步加强社会实践体系建设，为规范实践学习活动提供一系列有效的制度保障。高校要高度重视建立和完善学生社会实践活动的相关政策和制度，对社会实践的指导思想、政策、组织体系、物质体系、评价方式和激励机制等做出明确规定，使实践活动有章可循。规范学生培训活动的程序，提高高等教育的质量和水平，把社会实践作为评价和分析学生高等教育整体质量的重要指标，把学生高等教育的质量提高计划纳入整个教学和评价体系。完善社会实践活动的组织体系，拓展组织的主题。首先，落实学校组织部门确定的组织形式，实践单位的合作，社区组织、教师和学生的广泛参与等。其次，以学校和社会实践领导小组、高校和社会实践领导小组、集体实践部门领导小组为主体的领导组织的落实，为社会实践提供坚实的组织保障。完善社会实践物质经费体系，即学校积极为社会实践提供经费、设备和支持，建立社会实践专项经费。另外，资金来源需要从"以大学为主"转变为由学校主导、社会实践单位支持、学生个人投资的多元化资金体系。确保系列实践教育活动的安全性。学生安全直接影响到高校的稳定，学生参与的实践越多，出现安全问题的机会就越多。出于这个原因，许多高校为了自身稳定和学生安全，在某种程度上限制了社会实践活动。为此，需要政府和社会落实相关法规，营造积极实践的氛围，建立学生安全保障机制；学校也要积极开展学生安全教育，加强学生安全管理，建立安全责任制度。制定有效的评价方法和激励机制，把对活动参与的态度、准备情况、活动中的表现和活动后提交的材料结合起来，建立组织单位、实践单位和教师三位一体的社会实践评价体系，在评价中记录对学生实践的评价，定期评选、表彰表现突出的集体和个人。同时可以通过报告会、图片展等形式进行实践成果的交流展示。

## 六、做好宣传工作

目前，我国高校、社区和社会对学生的实践活动还存在误解，因为他们对实践学习的性质和目的认识不足，或对其理解片面，认为实践活动的目的是为学生服务和奉献，而忽视了自身的发展，有些社区和社会甚至认为这是一种负担，不希望学生到校外参加实践活动。对此，实践教育有必要从美国"服务学习"的互惠理念中得到启发，引导参与各方观念的转变，营造良好氛围，争取各方共赢。这是我国教育思想的一大变化，创新意识和学生的实践能力被认为是优质教育的优先事项。思想意识和解决问题可以被视为创新的基础。要根据所涉及的不同主题进行有针对性的引导，让学生明白体验式学习活动是推动其成长的宝贵经验，也是促使他们成功的有效途径；让高校和教育工作者明白实践学习活动是推动教育改革、实现教育功能的有效途径；让社区认识到实践学习活动有助于自身的发展。为此，要充分发挥广播、电视、报纸、网络等大众传媒的作用，广泛开展宣传活动，强调加强实践教育活动的重要性和必要性，广泛宣传实践教育活动的成果，推陈出新，积极推广新思路。积极推广加强实践教育工作的新思路、新做法、新经验，营造支持和鼓励大学生结合自身专业知识，深入社会的实践环境。

## 第五节 高校实践育人模式的类型

人是社会实践的基本有机体，学生本身能否在实践中发挥主要作用，取决于我们高校实践模式的成败。只有学生成为实践的重要组成部分，在实践中体现出自己的主体性，实践教育工作才能真正发挥教育的功能，达到理想的教育效果。自新中国成立以来，中国学生利用党团组织、学生会和学生社团，动员学生参加各种形式的全民性实践活动，社会实践工作的主要形式不断完善和发展，发挥了高校实践教育的独特价值和作用。

## 一、专业知识型

如今,很多人习惯性地认为,专业实践是技校的事,如中专、高职,越是高学历的综合类院校,对实践的时间要求越少,对理论的时间要求越多。事实上,这是一种误解。以知识为基础的专业实践是将知识转化为人的能力和智力素质的基本手段,是人才成长的前提条件,与学校的性质无关。目前,我国各高校都在根据自身的实际特点和情况,开展各种形式的知识型专业实践活动,学生的实践活动呈现出良好的发展态势。例如,制订科技创新发展规划,投资科技创新,推动和支持科技竞赛和展览;组织宣传活动,提高学生对社会现象的认识和对问题的全面客观分析;师范生到各地中学进行专业实习,掌握从事教师工作的专业知识。计算机专业的学生是学校网络中心的管理员,解决学生的各种网络问题;新闻专业的学生办校报,做校报的记者和编辑,办校园广播,丰富校园文化生活。法学专业学生创建了法律咨询中心,帮助学生分析学习生活中遇到的法律问题,提高知识水平,维护自身权益;医学专业学生宣传和普及健康知识,为同学和农民进行义务体检。医学生开设了一个心理咨询的信箱,帮助学生清楚地了解自己,了解精彩的人生。每年组织的大中专学生参与文化、科技、娱乐实践活动,切实融合各学科学生的知识。这些以专业知识为基础的实践活动,结合了学科专业特点,分门别类为学生组织多元化的活动形式,使大学生在参与专业实践活动的过程中,发现新知识、运用新知识,在解决实际问题的过程中激发潜能、提高能力,切实掌握国家建设和为人民服务的本领,培养现代大学生应具备的自信和社会使命感。首先,以知识为基础的专业实践活动有助于学生升华知识、发展技能。在实践过程中,学生加强对知识的掌握和应用,激发专业兴趣,提高专业技能。通过实际活动和实验研究,学生不仅能更好地吸收知识,还能运用知识创造相关的经济和社会价值。其次,有助于开发学生的潜能,培养创新能力。在实践中,学生不是机械地、重复地应用知识,而是通过充分利用已掌握的知识进行综合分析和灵活解决问题的过程。在解决问题和综合运用知识的过程中,使知识结构更加合理和完善,特别是在复杂的问题中,要对现有知识进行有效重组,这是知识创新的前提条件。另外,结合了专业知识的高校实践学习与中小学实践学习存在一定的区别。

## 二、志愿服务型

志愿服务是一种综合性的社会实践活动,与学生生活实际存在一定关联,具有直接在实践和情景中受益的重要特点,是学生为社会奉献、为自我实现价值的有效支撑。

实践证明,青年志愿者行动符合时代发展的潮流,符合人民群众的需要,符合当代青年的特点,蕴藏着巨大的发展潜力,呈现出旺盛的生命力和广阔的发展前景,是发展社会主义市场经济中一项生机勃勃的事业。它使一些需要帮助的社会成员从志愿服务中感受到社会的温暖，在全社会弘扬"奉献、友爱、互助、进步"的志愿者精神，倡导时代新风正气，对社会主义精神文明建设有推动作用，已经成为新时期群众性精神文明创建活动的有效途径；它以扶贫济困为主题，以社会困难群体为主要扶助对象，通过志愿服务方式为困难群众提供实实在在的帮助，为我国多层次社会保障体系的建立做出了积极的贡献；它为当代青年在实践中锻炼成长提供了广阔的舞台，开辟了现实的途径，体现了共青团在实践中育人的宗旨，成为新时期加强青年思想政治工作的重要载体；它适应当代青年自主意识、参与意识日益增强的特点，组织和引导青年以志愿服务方式积极参加经济建设，调动了青年的内在积极性，已经成为共青团在社会主义市场经济条件下动员和组织青年的有效手段，成为新时期青年工作的重要内容；它与国际志愿服务接轨，受到国际友好人士的普遍好评，在国际上树立了当代中国青年的良好形象，成为加强与各国青年之间交流与合作的重要渠道。

学生志愿服务已经成为新时期校园文化形成的一道优秀风景线，也是新时期教育实践活动的重要形式。通过志愿服务，促进学生思想政治水平的提高、社会服务能力的实现、团队精神和忠诚意识的培养，将自己的成才理想、报国理想与国家社会发展的现实需要相结合，更好地了解国情、认识社会、发展自己的才能。对于整个社会来说，学生的志愿工作可以极大地调动社会成员的自觉性，激励更多的人主动参与到服务社会当中。另外，通过志愿者工作，学生可以向社会群众传达国家政策，把有用的资源带到贫困和偏远地区，使贫困地区的教育、卫生、农业和其他活动得到推动，为社会创造经济价值。

目前，大学生自身的优点是不容忽视的，也有明显的缺点。他们热爱祖国，奋发图强，但抗压能力不足，遇到困难和挫折容易灰心丧气；部分学生存在主观偏激思想，不了解事物的本质和思想；自我教育愿望强烈，过于关注自身发展，存在极其明显的个人功利思想；大部分学生思想健全、品德良好。但也有一些学生的道德认知与行为不匹配，缺乏诚信；一些学生心理素质差，甚至出现心理障碍等。针对这些特点，我们要积极研究，认真归纳，把思想政治教育的一些规律付诸实践。在学校里，学生的人际关系相对简单，他们在志愿服务中，可以体验到人际关系的多样性。学生通过志愿服务了解社会、融入社会、认识自我、展示自我，了解国家、城市和国民经济状况，有利于提高学生的整体思想道德素质。充分发挥社会教育的作用，使学生获得自我反思、自我激励、自我评价和个人实践能力的提高，逐渐开始升华自己的意识和思想，进一步规范自己的行为，而后，便可以实现思政教育的具体目标。

## 三、职业训练型

在科技迅速发展的今天，越来越多的企事业单位对学生的学业经历感兴趣，并特别关注学生参与社会服务的经历。因此,现阶段最重要的教育举措之一是加强在校期间的社会实践,使学生能够尽快改变自己的学生角色,适应社会发展。通过社会实践活动,锻炼和提高学生的社会认识,进一步吸收适应社会和工作岗位所需的知识和技能,为学生真正从学校走向社会,完成社会化进程打下良好基础。高校人本教育的重要目标之一是保证学生就业的顺利进行,而就业是学生进入社会职业领域继续成长成才的起点。在学生真正步入社会之前,学校为学生开设就业指导课程,举办就业礼仪知识竞赛、学生创业计划竞赛,并提供大量的实习、教学和管理,以及专业实践的实施。如参加西部志愿者服务项目,引导学生更多地关注和思考如何进入社会,顺利就业和创业,更多地关注融入社会所需的知识和专业技能的储备。为学生创造了解自己和社会的机会,进而促进学生对自己有更客观准确的认识、定位和评价,在服务社会同时实现个人成功的目标,更好地服务社会。因此,高等院校的就业活动应该是高等院校人才培养的重要组成部分,就业指导实践应该是培养高素质、全能型人才的教育平台,在人才培养中发挥积极有效的作用。

## 四、人文教育型

人文教育实践是指通过各种形式的"以人为本"的文化和教学实践,提高学生的通识教育水平,落实学生全面发展教育计划的一种实践性教育活动。这种实践活动是学生社会实践的核心,能够引导学生的成长,也是实践学习的方向。它们主要包括:教师把实践教育作为课堂思想政治学习的主要内容,作为巩固理论培训成果的重要环节,在课堂上用"实践的""发展的"马克思主义思想教育学生,用科学的理论武装学校的年青一代。开展英雄模范人物报告和专题讲座,举办评选校园自强之星活动,组织学生参观革命历史博物馆、纪念馆和烈士陵园,开展红色文化之旅等。首先,这些活动可以加强学生对党、国家、社会和人民的了解和认识,强烈地激发他们爱党爱国、报效国家的愿望,帮助他们坚定社会主义信念,树立远大理想,全面提高政治素质;帮助他们正确认识社会,了解国家政治,提高服务社会的奉献意识,以此才能够增强社会使命感和责任感。其次,社会实践是课堂学习的必然延伸和有益补充。教师通过引导学生参与人文教育实践,可以将课堂上学到的抽象理论转化为实际行动,在行动中找到具体的"学习对象",促进理论与实践的结合,进而丰富学习内容,提高教学效果。另外,学生在人文教学实践中的意识和积极性也通过调研、实践等一系列项目逐步加强,这些活动真正成为高校思想政治理论课的课外补充和延伸,适应了现代大学生对思想政治理论课的新要求,以此才能够促进有教育意义的人文教学实践项目的构建。

# 参考文献

[1] 陈权. 情商与高校拔尖创新人才培养研究 [M]. 徐州：中国矿业大学出版社. 2017.

[2] 徐奇伟. 开启创新之门高校创新人才培养的实践与探索 [M]. 长春：吉林人民出版社. 2017.

[3] 黄志豪，钟宏桃，金又琳. 高等艺术教育创新人才培养体系研究 [M]. 桂林：广西师范大学出版社. 2017.

[4] 任保平. 经济学专业教学改革与创新人才培养研究 [M]. 西安：西北大学出版社. 2017.

[5] 张晓辉. 环境设计专业教学改革与实践性创新人才培养的探究 [M]. 成都：电子科技大学出版社. 2017.

[6] 张亚林. 2016景德镇民间青花瓷技艺传承与创新人才培养作品成果集 [M]. 南京：江苏美术出版社. 2017.

[7] 杨庆光，胡贺松，刘杰. 普通高等院校土木工程专业"十三五"规划教材国家应用型创新人才培养系列精品教材土力学 [M]. 北京：中国建材工业出版社. 2017.

[8] 高伟，韩兴辉，肖鸾，等. 普通高等院校土木工程专业"十三五"规划教材国家应用型创新人才培养系列精品教材土木工程测量 [M]. 北京：中国建材工业出版社. 2017.

[9] 李雪梅，蒋占四. 创新·创客与人才培养 [M]. 西安：西安电子科技大学出版社. 2017.

[10] 陈晏辉. 本科层次应用型创新人才培养研究 [M]. 厦门：厦门大学出版社. 2018.

[11] 华尔天. 地方工科院校产出导向的工程类专业创新人才培养研究与实践 [M]. 杭州：浙江大学出版社. 2018.

[12] 宋文红. 全球化视野下高校创新人才培养探索——中国海洋大学国际化战略推进实践 [M]. 青岛：中国海洋大学出版社. 2018.

[13] 包家明；王撬撬，何国平，等. 护理学专业创新人才培养系列教材高等院校数字化融媒体特色教材护理健康促进与健康教育 [M]. 2版. 杭州：浙江大学出版社. 2018.

[14] 徐媛媛. 翻译教学与翻译人才培养创新研究 [M]. 延吉：延边大学出版社. 2018.

[15] 潘斌. 高校创新创业人才培养模式研究［M］. 北京：世界图书出版公司. 2018.

[16] 郑玉敏. 地方理工科大学法律人才培养模式创新研究［M］. 合肥：合肥工业大学出版社. 2018.

[17] 唐辉明，熊承仁，王亮清. 地质工程专业人才培养模式创新与实践基地建设［M］. 武汉：华中师范大学出版社. 2018.

[18] 刘代友，廖策权. 高职院校分类分层人才培养创新研究［M］. 成都：西南交通大学出版社. 2018.

[19] 徐骏. 三位一体的创新人才培养［M］. 北京：海洋出版社. 2019.

[20] 宁钢. 瓷画艺术传承与创新人才培养优秀作品集［M］. 南昌：江西美术出版社. 2019.

[21] 王清远，杨明娜. 地方高校本科生拔尖创新人才培养机制的探索与实践［M］. 成都：电子科技大学出版社. 2019.

[22] 计金标，李小牧；宋强，等. 外语院校人才培养模式创新研究［M］. 北京：中央编译出版社. 2019.

[23] 余江舟. 创新文化视角下的人才培养模式研究［M］. 沈阳：辽宁大学出版社. 2019.

[24] 刘周敏. 协同创新理念下高等体育院校人才培养模式的优化研究［M］. 长沙：湖南师范大学出版社. 2019.

[25] 黄一如，吴志军. 十年教改春华秋实同济大学人才培养模式创新实验区十周年论文集［M］. 上海：同济大学出版社. 2019.

[26] 陆亮. 中德机械与能源工程人才培养创新教材数值分析典型应用案例及理论分析上［M］. 上海：上海科学技术出版社. 2019.

[27] 郭玉铸. 改革开放40周年高校纪念文库民办大学人才培养体系创新实践研究［M］. 北京：光明日报出版社. 2019.

[28] 卜华白，阳玉香，陈东升. 转型发展背景下地方高校人才供给侧改革与创新研究基于衡阳师范学院经济与管理学院人才培养实践［M］. 长春：吉林大学出版社. 2019.

[29] 张景亮. 大学生创新创业管理与人才培养模式研究［M］. 长春：吉林科学技术出版社. 2020.

[30] 唐娟. 高职院校创新人才培养模式研究［M］. 天津：天津科学技术出版社. 2020.